CAROLINE

et SAFIA

the book

Direction : Catherine Saunier-Talec
Responsable éditoriale : Anne Le Meur
Responsable de projets : Caroline Terral
Révision : Anne Kalicky et Odile Raoul

Responsable artistique : Antoine Béon
Couverture et principe de maquette : Nicole Dassonville
Adaptation et mise en page : Florence Cailly
Photographies : Emanuela Cino

Fabrication : Isabelle Simon-Bourg
Partenariats : Sophie Morier (smorier@hachette-livre.fr)
Responsable de la communication : Johanna Rodrigue-Faitot (jrodrigue@hachette-livre.fr)

CAROLINE et SAFIA

the book

Encore jamais vu sur Youtube !
Des conseils pour être belle dans son corps et dans son esprit

hachette
BIEN-ÊTRE

Préface

Parce qu'être une fille, c'est plutôt sympa. Ça pique les rouge à lèvres de Maman et les rasoirs de Papa. Mais pas que. Être une fille, ça vient aussi avec un sacré nombre de questionnements et de remises en question. Ça cogite beaucoup là-dedans et c'est jamais sûr de bien faire.

À travers ce livre, nous souhaitons vous donner des conseils pour que vous vous sentiez bien dans vos baskets (ou dans vos escarpins) et que vous deveniez la meilleure version de vous-même.

À seulement (oui, ça va, hein, on aime bien dire « seulement ») 25 ans, nous n'avons pas la prétention d'avoir réponse à tout, et nos conseils sont ceux que nous pourrions partager entre copines. Nous ne sommes certainement pas expertes, nous vous racontons simplement nos découvertes et ce que nous connaissons.

Après avoir vécu sur presque tous les continents (sauf l'Afrique, m'enfin, c'est de là que nous venons) et après trois années de vidéos sur YouTube, il y a certaines choses que l'on n'a encore jamais partagées. Des blessures, des expériences de vie, des rencontres improbables ou encore des erreurs de parcours que nous avons gardées pour nous. Aujourd'hui nous pensons que certaines expériences valent la peine d'être partagées, tout comme n'importe quel conseil beauté. C'est pourquoi, dans cet ouvrage, nous parlons aussi bien de choses futiles que de sujets plus personnels, plus profonds, qui nous ont touchés et fait devenir les personnes que nous sommes aujourd'hui.

On apprend de ses échecs comme de ses réussites et c'est ce que l'on a voulu vous transmettre en écrivant ce livre. Parce qu'être une fille, c'est loin d'être facile tous les jours !

Alors, laissez-vous porter par ces quelques pages. Embarquez dans notre univers, à nos côtés. Découvrez tout ce que nous n'avons encore jamais eu l'occasion de vous dire et n'hésitez pas à retenir toutes les inspirations que vous y trouverez.

Nous avons passé plusieurs mois à rédiger ce que l'on espère être un joli guide pour votre vie. En toute simplicité, en toute amitié.

On espère que ce livre fera partie de vos souvenirs de lecture qui vous ont fait du bien.

Et pour tous ceux qui tomberaient sur ce livre un peu par hasard, sans avoir jamais vu nos têtes nulle part, nous vous souhaitons la bienvenue dans notre univers.

Amicalement,
CAROLINE & SAFIA

Notre chaîne Beauté / Lifestyle: https://www.youtube.com/CarolineSafia
Notre chaîne de voyages: https://www.youtube.com/CarolineSafiaVlog

sommaire

1 l'âme

2 ...& le corps

l'ame
et

1

l'âme

my perfect day

Fini les réveils grincheux ou les réveils du pied gauche ! Savoir se lever de bonne humeur, ça se travaille, et nous vous donnons ici nos astuces testées et approuvées pour bien commencer la journée.

MY PERFECT MORNING

Le matin conditionne l'humeur du jour. Et, pour être de bonne humeur, il est important de tout mettre en œuvre pour avoir les apports nutritionnels et émotionnels indispensables afin de passer une bonne journée.
Nous vous embarquons dans une série de conseils pour être bien dans sa tête et dans son corps dès le réveil. C'est parti !

L'idéal est de se lever avec les premiers rayons du soleil : c'est plus reposant qu'un réveil classique. Bien sûr, les impératifs de la vie font que ce n'est pas toujours possible. Et puis, même quand aucune obligation ne nous attend, il est toujours préférable de se lever à une heure « raisonnable » (à moins que l'on ait fait la bringue la veille, mais là, c'est un autre sujet).
En ce qui nous concerne, nous avons horreur de nous lever après 11 heures (le week-end évidemment, ces jours où nous pouvons ne rien faire). Plus tard, c'est un peu comme si nous perdions une bonne partie de notre journée, et c'est bien dommage.
Alors, chacun, en fonction de son équilibre et de son rythme, se lèvera plus ou moins tard (tôt ?) en semaine et pendant le week-end et les vacances. N'hésitez pas à faire des tests pour trouver vos heures optimales : coucher 22 heures/lever 7 heures, ou coucher 23 heures/lever 8 heures... Vous nous direz !

Étant youtubeuses, donc travaillant de chez nous, nous avons la chance de pouvoir choisir l'heure à laquelle nous nous levons. Ce n'est pas pour autant que nous aimons traîner au lit toute la matinée, car nous avons alors la sensation de passer à côté de notre journée si elle ne commence pas à une heure décente.
Depuis qu'elle vit en Espagne, Safia expérimente le « lever tôt ». Comme son chéri se lève beaucoup plus tôt qu'avant leur déménagement, elle se motive pour le faire aussi (bon, pas autant que lui, parce que 5 h 45... comment vous dire...). Bref, un réveil à une heure « normale », autour de 7 heures, est optimal pour disposer d'une longue et harmonieuse journée.
Vous remarquerez que l'on est souvent plus productif le matin. Aussi, respectons le dicton qui dit que le jour appartient à ceux qui se lèvent tôt !

Vous remarquerez que l'on est souvent plus productif le matin. Aussi, respectons le dicton qui dit que le jour appartient à ceux qui se lèvent tôt !

TESTÉS ET APPROUVÉS

LES INDISPENSABLES POUR UN MATIN PARFAIT

→ **Se coucher tôt**

Aller au lit de bonne heure permet de se réveiller tôt. Pour une nuit reposante, éteignez toute forme d'ondes (portable, ordinateur, wifi) une bonne heure avant de vous coucher. Vaporisez ensuite sur votre oreiller un spray à la lavande, qui vous permettra de vous relaxer. Pour finir, lisez quelques pages d'un bon livre en buvant une tisane.

Il existe un tas de tisanes différentes : pour le sommeil, la digestion, le stress, ou juste pour le goût qui vous plaît. Alors, prévoyez de devoir aller aux toilettes une fois dans la nuit, mais il n'y a rien de tel qu'une bonne tisane pour vous aider à digérer et à faire travailler vos reins (n'en buvez pas 1 litre non plus !).

Il est grand temps d'imiter les bébés, qui, eux, ont compris comment éviter de se faire mal au dos et aux cervicales.

→ **Se réveiller en douceur**

Le prof de yoga de Safia lui a récemment conseillé de se lever en roulant sur le côté, comme le font les bébés. Nous, adultes, avons trop souvent tendance à nous lever en nous asseyant, en levant le buste et en laissant les jambes allongées. Il est grand temps d'imiter les bébés, qui, eux, ont compris comment éviter de se faire mal au dos et aux cervicales, et de créer des tensions inutiles de bon matin.

Mais, avant tout, on s'**étire**... comme les chats ! Les bébés, comme les chats, sont des êtres paisibles et loin des tracas du quotidien, ils ont vraiment tout compris.

Il n'y a rien de pire que de louper son réveil et de devoir courir à travers toute la maison pour s'habiller, se maquiller et préparer ses affaires pour la journée. Pour éviter cela, programmez votre réveil à une heure correcte (c'est terminé, les dix alarmes à la suite que l'on éteint tour à tour) et levez-vous dès les premières sonneries : rien ne sert de retarder la sentence ! Une bonne astuce est de mettre votre réveil assez loin, de sorte que vous êtes obligé de vous lever pour l'éteindre.

À force de changer de lit à travers nos déplacements et déménagements, nous avons aussi compris à quel point il était important d'avoir une bonne literie pour être en forme le lendemain. Safia préfère les matelas fermes et Caroline, c'est tout le contraire. Ça peut paraître dérisoire, mais quand on prend conscience de ce détail, on peut vite passer 1 heure à choisir le bon matelas et le bon sommier chez Ikea.

Par ailleurs, Caroline ne dort jamais les volets fermés, elle aime garder un peu de lumière pour que ce soient d'abord les rayons du soleil qui la tirent du sommeil, avant même que l'alarme ne retentisse.

→ Mettre de la musique

Vous seriez étonné du pouvoir que détient la musique sur votre humeur. Il n'y a rien de tel qu'une bonne playlist pour démarrer la journée du bon pied ! Qu'elle soit douce ou tonique, c'est à vous de choisir en fonction de vos goûts. Safia préfère écouter des musiques entraînantes qui donnent la pêche dès le matin. Caroline, quant à elle, adore les musiques douces et reposantes lorsqu'elle sort du lit. En revanche, nous détestons écouter la radio de bon matin. En tout cas, pas celle qui parle trop fort. Nous avons besoin de temps et de sérénité, et puis écouter les informations de bon matin n'est pas vraiment drôle si l'on veut commencer la journée de façon positive ! Gardez la radio pour plus tard dans la journée, vous nous remercierez...

→ Faire une to-do list

Pour éviter de vous sentir surmené par votre journée, dressez la liste de toutes les choses que vous avez à accomplir, et cochez les tâches à mesure que vous les réalisez. Ainsi, vous organiserez votre journée visuellement et diminuerez le stress associé à tout ce que vous avez à faire.
En ce qui nous concerne, nous adorons faire la collection de cahiers. À nous deux, nous devons bien en avoir une quinzaine : un véritable ballet des cahiers : un mois celui-ci, l'autre celui-là ! Il y a aussi l'option « notes » sur les smartphones, utile pour ceux qui ont besoin de bouger et ne veulent pas être encombrés par ces cahiers.

to-do list

....

....

....

....

....

....

....

....

....

MANGER ÉQUILIBRÉ

Quel que soit le temps que l'on ait le matin, il est capital de commencer la journée du bon pied en donnant à son corps les nutriments indispensables. Si vous êtes du genre pressé, n'hésitez pas à préparer votre petit déjeuner la veille avant de vous coucher pour pouvoir l'apprécier comme il se doit. C'est le repas le plus important de la journée, et c'est pourtant souvent celui qui est le plus négligé.

Il n'est pas rare que nous n'ayons pas faim le matin. Comme si notre estomac était resté sous la couette, tranquillement, pendant que nous essayons d'allumer notre cerveau. Dans ces cas-là, il faut commencer par boire. Un verre d'eau tiède avec du jus de citron est idéal pour équilibrer le pH de l'estomac et le sortir du fond du lit. Par ailleurs, vous pouvez également vous préparer un petit déjeuner à emporter, que vous mangerez plus tard au travail ou à l'école.

Dans tous les cas, après une période de jeûne de plusieurs heures, il est naturel que le corps réclame (distinctement ou non) son dû. Prenez votre temps et réveillez votre estomac !

la relaxation

Vous avez sans doute déjà participé à une séance de relaxation, que ce soit après une séance de sport intensif ou simplement chez vous pour vous détendre. Vous souvenez-vous de l'état dans lequel vous vous êtes trouvé ? La relaxation a le pouvoir de vous vider entièrement de toute sorte d'émotions, bonnes ou mauvaises. Des exercices très simples peuvent transporter votre esprit dans un état second afin de lâcher prise sur tout ce qui vous entoure pour vous recentrer sur vous-même, et rien que sur vous.

Les exercices de relaxation peuvent se pratiquer n'importe où : maison, travail, école. Et vous trouverez toujours la méthode qui correspondra à votre état d'esprit du moment. La technique que nous pratiquons le plus, et qui est certainement la plus répandue, est le contrôle respiratoire. Il s'agit de focaliser toute son attention sur sa respiration afin d'adopter un rythme calme, régulier et serein.

Au milieu de l'abondance des tâches quotidiennes qui nous incombent, on en oublie de prendre du temps pour soi. Ces instants – par exemple des petites soirées cocooning – sont pourtant essentiels. Et, fille ou garçon, pas de différence ! Chacun d'entre nous a besoin de prendre ce temps.

Les rituels de relaxation sont très nombreux, le tout est de les connaître, de savoir lesquels nous détendent et lesquels nous permettent de nous sentir particulièrement bien.

TESTÉS ET APPROUVÉS !

→ Les bains moussants

Il existe aujourd'hui toutes sortes de bombes pour le bain, parfaites pour se détendre après une journée longue et stressante. Choisissez une odeur que vous aimez, une couleur qui vous rassure et des propriétés qui vous relaxent. Vous pouvez également en profiter pour tamiser la lumière en allumant quelques bougies et parfumer la pièce. Restez ensuite dans votre bain autant de temps que vous le souhaitez. Notre signal d'alarme, indicateur qu'il est temps de sortir, ce sont les doigts de mamie tous fripés !

→ Les massages

Les massages sont une excellente manière de se détendre, à la fois extérieurement et intérieurement. Souvent accompagnés de musique douce, d'odeurs

agréables et de textures apaisantes, ils ont un sacré pouvoir. Si vous n'avez personne pour effectuer ces massages, n'hésitez pas à vous masser vous-même le visage, les cuisses, le ventre.
Le brossage à sec avant la douche a également d'excellentes propriétés pour la circulation sanguine et le bien-être. Les brosses pour le corps se trouvent dans la plupart des grandes surfaces. Attention tout de même à ne pas y aller trop fort, ça pourrait être douloureux et ce n'est absolument pas l'effet recherché ! Vous devez simplement brosser votre peau en allant toujours en direction de votre cœur. En plus d'être excellent pour la circulation, ce massage contribue également à lisser la peau !

→ Le stretching

Le fait d'étirer un à un tous les membres de son corps permet de se libérer de certaines tensions qui nous encombrent. Si vous ne connaissez pas de technique d'étirement, surtout ne vous adonnez pas à des exercices dangereux, car vous pourriez vous faire très mal ! N'hésitez pas à suivre des cours, chez vous avec un coach ou en regardant des vidéos sur YouTube : vous en apprendrez beaucoup sur les techniques et les gestes à adopter, et sur ceux à éviter. Et ne vous découragez pas, le début est difficile, mais vous serez heureux du chemin parcouru !

→ L'isolement

Il arrive que le mal-être soit le résultat du tourbillon de la vie dans lequel nous nous sentons pris au piège. C'est pourquoi il est si important de se consacrer du temps. Si l'isolement peut être vu comme quelque chose de négatif, nous avons de notre côté toujours aimé ce temps privilégié avec nous-mêmes, il nous est même devenu indispensable. Où que vous soyez, vous pouvez avoir besoin de ces moments de solitude afin de vous retrouver et de souffler un peu.
La solitude est bien trop souvent considérée comme de la faiblesse ou du rejet. À vrai dire, être seul est aussi une question de force et de respect de soi pour ensuite mieux respecter les autres. Être en harmonie avec son corps et son esprit permet de l'être avec ceux qui nous entourent.

Avant d'être en couple, il arrivait régulièrement à Safia de partir seule en voyage, d'aller seule au cinéma... Et ce n'était pas faute d'avoir plein de monde autour d'elle. Mais ces moments-là, que l'on ne vit qu'avec soi, sont riches d'instruction et de paix intérieure.

Qui oserait dire qu'il n'aime pas faire que ce qu'il veut ? Eh bien, c'est exactement ce qu'offre la solitude ! Pas besoin de prendre en compte l'avis d'autrui, on peut se concentrer sur ses propres choix et profiter d'être maître de ce qui se passe pour mieux retourner en société ensuite.

Caroline, quant à elle, savoure ses instants de solitude, notamment lors de ses séances shopping. Elle préfère mille fois plus aller faire du shopping seule qu'avec des copines. C'est fou, non ?! Elle ne peut pas non plus se passer de ses instants relax devant des vidéos YouTube, les vlogs en particulier.

c'est alors
qu'elle a
découvert
la méditation !

la méditation

Non, la méditation n'est pas seulement réservée aux moines et aux bouddhistes. Tout le monde peut la pratiquer en toutes circonstances, dès lors que l'on en connaît les clés.

Le plus important est de focaliser toute votre attention sur votre respiration et de centraliser toutes vos pensées sur un seul et même sujet.

Caroline a découvert la méditation lors de son séjour en Thaïlande. Elle a passé plusieurs semaines pratiquement sans aucune relation avec le monde extérieur. Elle vivait dans une chambre d'hôtel et ses seuls contacts avec les autres se résumaient à des « bonjour » et des « comment allez-vous ? » Cette période de solitude a été très dure à gérer et elle a commencé à avoir des « souffles au cœur », qui se matérialisaient par des coups dans la poitrine à intervalles réguliers lors de ses respirations. Au stade le plus délicat de ce phénomène, elle n'arrivait plus à dormir en position allongée tant la douleur était forte. Aussi, elle devait tenter de trouver le sommeil assise.
Son mal-être n'étant pas dû à un dysfonctionnement de son organisme, il ne lui restait plus qu'à travailler son mental.

Nous n'évoquerons pas ici de techniques approfondies, car nous ne sommes pas des professionnelles. Ce que nous souhaitons, c'est simplement partager avec vous certaines pratiques qui nous ont parfois été très utiles, l'important étant de trouver la paix intérieure.

À vous la méditation pour les nuls !

TESTÉS ET APPROUVÉS

→ La musique

Pour pratiquer la méditation, privilégiez une musique apaisante, de préférence avec des bruits d'éléments : le vent, l'eau, et des bruits d'animaux : les oiseaux, les cigales. Cette musique doit immédiatement pouvoir vous transporter dans un autre univers, celui que vous choisissez. La durée de la musique doit être assez longue pour ne pas avoir à vous en soucier. Les morceaux de plus de 30 minutes sont les plus adaptés, et surtout sans publicité, si vous les trouvez sur Internet !

→ La posture

Là encore, tout dépend de vous. Vous devez vous mettre dans une position dans laquelle vous ne ressentez aucune tension, aucun mal-être. Tous vos muscles doivent être complètement relâchés et détendus.
De notre côté, nous aimons pratiquer la méditation assise, les paumes vers le ciel, en mode « j'ouvre mes chakras », vous voyez ?
Si vous, en revanche, vous sentez mieux allongé, aucun souci ! L'essentiel est de vous sentir apaisé.

→ L'intention

Une fois que vous vous trouvez dans votre position idéale, essayez de chasser toutes les pensées de votre esprit pour vous consacrer uniquement à votre respiration. C'est assez difficile tant les pensées traversant notre esprit sont nombreuses ! Libérez-vous de vos contrariétés, de votre stress. Laissez partir toutes les pensées qui viennent à vous pour ne vous recentrer que sur vous-même et sur l'instant présent.

L'idéal est de consacrer 10 minutes par jour à cet exercice. Tôt le matin ou tard dans la soirée, ça n'a pas d'incidence. Le plus important est l'énergie que vous mettrez à réaliser votre méditation. Quant à ses effets, ils peuvent être longs à se manifester. La méditation est une pratique au long cours. Au fil du temps, elle vous permet de développer votre concentration et votre attention, de diminuer le stress et de contrôler vos réactions face à l'adversité.

De manière générale, il est beaucoup plus aisé de méditer quand on est seul. Encore une fois, la peur du regard de l'autre, les ondes dégagées par ceux qui nous entourent, le bruit, le mouvement, tout cela n'est pas idéal quand on travaille la concentration sur soi.
Et puis arrive finalement un jour où l'on atteint un tel niveau de maîtrise que la méditation peut se pratiquer partout. Il nous est d'ailleurs arrivé de croiser un groupe d'une vingtaine de personnes qui méditaient devant la porte de Brandebourg, à Berlin. Autant méditer sur le Champs-de-Mars, une folie !
C'est dans ces moments-là que l'on se dit que la force mentale est incroyable et que ces méditants on atteint un tel contrôle de leur pensée et de leur concentration qu'ils sont capables de méditer au beau milieu de centaines de personnes.
Nous n'avons pas particulièrement l'intention d'atteindre ce niveau de maîtrise, mais vous voyez, tout est possible !

le rire et le chant, "try to sing challenge"

Amusez-vous ! Il n'y a rien de tel que la thérapie du rire pour passer une excellente journée. Dans chaque projet que vous entreprenez, mettez un point d'honneur à toujours prendre du plaisir. Nous avons toujours fait en sorte d'incorporer des challenges rigolos sur notre chaîne YouTube, pour transmettre de la joie et passer un bon moment en riant ensemble.

D'ailleurs, quand on y réfléchit, quand est-ce qu'on se dit ? « Cette journée était excellente ! » Ne serait-ce pas après avoir piqué des fous rires à en avoir des crampes à l'estomac ? Le rire est contagieux, il existe même des clubs de rire (oui, bon, on trouve ça un peu bizarre) !

Pour passer de bonnes journées, il faut s'entourer de personnes qui nous font rire, avec lesquelles on ne voit pas le temps passer.

Si vous vous retrouvez dans une mauvaise passe et que vous êtes avec un/une ami(e), essayez notre :

"try to sing chalenge"

1. Choisissez chacun trois chansons connues et écrivez le début des paroles sur une feuille.

2. Constituez une playlist de tubes récents et munissez-vous d'un casque audio.

3. Chacun votre tour, donnez-vous une chanson à chanter, tout en ayant une autre musique de la playlist dans les oreilles.

4. Chantez... le plus juste possible et en rythme !

Le résultat pourrait vous surprendre ! On ne se rend pas compte de la difficulté de cet exercice avant de l'avoir réalisé soi-même. Nous nous étions filmées pour ce challenge et, en écoutant nos voix de casseroles, nous avons saisi l'ampleur des dégâts. Mais figurez-vous que nous nous en moquions pas mal. L'essentiel était que, même en montant la vidéo, nous continuions à rire. Et l'idée de pouvoir vous faire rire aussi nous a tout de suite fait oublier que nous pouvions être ridicules de chanter si faux. Ce n'était vraiment pas grave.
Des challenges comme celui-ci, vous pouvez en trouver des tonnes et, en un éclair, un moment banal peut se transformer en un moment de rire, de partage et de plaisir.

Si le chant est là pour nous aider à rire, il nous aide également à nous trouver.

Quoi qu'il en soit, challenge ou pas, l'important est de consacrer une partie de chacune de vos journées à l'amusement. Rire rallongerait la durée de vie, paraît-il ! Vous y croyez, vous ?

→ La thérapie par le chant

Cet exercice, ou cet art, consiste à se détacher de ses problèmes en les extériorisant par le son.
Certaines personnes ont la faculté, ou peut-être le don, de vous déconnecter de vos problèmes, voire de vous les faire oublier, grâce au « simple » fait de chanter. Nous ne sommes pas forcément tous réceptifs à ce type de thérapie, mais, partant du principe que nous y croyons et que nous sommes prêts à tenter l'expérience, nous pouvons faire de belles rencontres.
Évidemment, nous ne sommes pas à l'abri de tomber sur un charlatan qui nous fera croire qu'en chantant avec lui, vos chagrins s'évaporeront, comme par magie. Mais concentrons-nous uniquement sur ceux qui ont un vrai talent. Pour faire simple, disons que le chant est un moyen de connecter notre corps à notre âme. Les mots, qui paraissent parfois très abstraits, nous emportent finalement dans une dynamique de compréhension de soi. Tout comme pour la méditation, il s'agit de trouver le lien entre la personne que nous sommes spirituellement et celle que nous sommes physiquement. Ce lien – et le recul que nous pouvons prendre entre ces deux aspects de notre être – est primordial.
Et si le chant est là pour nous aider à rire, il nous aide également à nous trouver. Alors, n'ayons plus peur de chanter sous la douche ou dans la rue. N'ayons plus honte de fredonner les chansons qui passent en boucle dans les centres commerciaux, parce que ça fait beaucoup de bien !

plus de stress !

Le stress est sans doute le sentiment le plus imprévisible et le plus difficile à appréhender. De nombreux moyens nous permettent de lutter contre cette émotion de manière naturelle.

→ Les moyens naturels

Parmi eux, il y a les huiles essentielles, que nous utilisons depuis plusieurs années.

Afin de mieux dormir, les brumes d'oreiller à la lavande sont très efficaces. Un bon sommeil étant d'ailleurs lui-même un allié de taille pour gérer son stress.

→ Parler

La parole est également une excellente façon de nous libérer de notre prison mentale. Partager nos émotions avec nos proches agit comme un exutoire allégeant notre fardeau. Il est très difficile de parler de ce qui nous fait souffrir ou nous inquiète. Aussi, la première chose à faire est de trouver la personne la plus « adaptée », la plus réceptive. Et les gens les plus proches de nous ne sont pas forcément les plus recommandés. Tout dépend de chacun.

En revanche, il ne faut jamais hésiter à se confier à ses parents, qui, dans les moments de doute, d'inquiétude (parfois même futiles), sont toujours de bon conseil.

D'ailleurs, vous n'avez pas remarqué que les mères savaient tout ? Sentaient tout ? Combien de fois se sont-elles rendu compte que nous n'allions pas bien sans même que nous leur ayons dit quoi que ce soit ? Pour nous, elles sont nos jolies oreilles.

→ Relativiser

Relativiser est une autre bonne façon de se libérer du stress. Plus facile à dire qu'à faire, certes, mais c'est pourtant la meilleure méthode pour prendre du recul par rapport à ce qui nous angoisse.

Nous l'avons souvent répété sur la chaîne quand on nous posait des questions sur notre bonne humeur, notre rapport aux commentaires difficiles, à la relation parfois compliquée avec d'autres personnes du milieu... Face à tous ces phénomènes qui pourraient nous mettre dans un stress important, nous relativisons !

Tout cela s'apprend avec le temps. Nous aussi avons vécu une période « crise d'adolescence » (plus ou moins tardive), pendant laquelle nous faisions voler les affaires à travers la pièce quand nous étions énervées. Ça arrive à tout le monde quand on prend les choses trop à cœur. Maintenant, ce n'est plus le cas. Aujourd'hui, nous avons appris, à travers notre jeune mais riche expérience, que rien n'arrive sans raison.

ANOUILH
Antigone

→ Tirer des leçons

Que ce que vous trouviez sur votre route soit bon ou mauvais, tirez-en une leçon. Ne vous laissez jamais emporter par les difficultés de la vie (et croyez-nous, nous savons ce que c'est). Chacun d'entre nous rencontre des situations de stress, que celles-ci aient un rapport avec le travail, la santé, les relations... L'important est de vous dire que ce qui vous arrive n'est pas le fruit du hasard, ça vous arrive pour vous rendre plus fort. Le bon est partout. Gardez les yeux grands ouverts pour le voir !

Aujourd'hui, nous connaissons beaucoup de stress. Le fait d'être à la tête d'une activité comme la nôtre et de toujours vouloir être au meilleur de notre forme est un stress quotidien. Mais ce dernier est positif et constructif, car nous apprenons chaque jour à le gérer pour le transformer en force et en opportunités, à faire de ce sentiment un petit plus vers une plus grande réussite.

Dans un autre registre, en 2011, Safia étudiait à Épinal. Elle n'avait pour vivre que les 250 euros de sa bourse scolaire, 100 euros d'allocation logement et quelques euros d'un job étudiant un ou deux dimanches après-midi par mois. En faisant un calcul, elle ne pouvait dépenser que 10 ou 15 euros par semaine pour se nourrir. Alors, oui, c'est difficile, et devoir comparer les étiquettes au supermarché, calculette à la main, chercher vainement un autre emploi étudiant, est une énorme source de stress. Mais à côté de ça, elle était à Épinal pour étudier la mode et le design, ce qui la passionnait. Son réfrigérateur n'était peut-être pas plein, mais elle s'éclatait au quotidien dans une activité qui la rendait heureuse. Et son stress la quittait lorsqu'elle se rendait compte de la chance qu'elle avait d'étudier ici.

→ S'ouvrir

Par ailleurs, nous pensons que plus nous évitons les situations stressantes et plus notre crainte du stress grandit. En d'autres termes, constamment se protéger de situations stressantes n'est pas la bonne solution, car c'est en surmontant nos peurs que nous arrivons à les surpasser.
Bien entendu, il faut y aller par étapes, en douceur, pour ne pas non plus se braquer et que ça se termine en crise d'angoisse !

Nous sommes tous plus ou moins sujets au stress, mais c'est la manière dont nous l'abordons qui permet de savoir si nous le laissons nous dominer ou si nous arriverons à nous en libérer. Voici pour vous quelques-unes de nos techniques de gestion du stress.

TESTÉS ET APPROUVÉS !

→ L'huile de ricin

Nous la trouvons dans la plupart des pharmacies. Elle est vendue en toutes petites quantités, car elle se prend goutte à goutte. Nous la diluons généralement dans un liquide et la buvons avant d'aller nous coucher et avant tout événement stressant.

→ Les fleurs de Bach

Safia a découvert cette potion magique, ce petit flacon aux vertus apaisantes il y a des années (sans doute au moment de passer les épreuves du bac ou le permis…). Ce concentré de plantes relaxantes se trouve en pharmacie ou en magasins bio, à diluer dans de l'eau et à boire tout au long de la journée.
Le premier avantage est que ça déstresse. Ensuite, ça pousse à boire davantage au quotidien, et nous savons à quel point c'est important !

→ La prise de recul

Lorsque nous décidons de prendre du recul face à la raison de notre stress, nous nous rendons souvent compte que celle-ci n'est pas si énorme et si insurmontable qu'elle le paraît. Nous sommes parfois tellement impliqués dans une situation que nous en oublions le reste du monde et que chaque petite contrariété prend des proportions gigantesques. Dites-vous bien que rien n'est insurmontable et que, quoi que vous traversiez, il existe sûrement des issues de secours.

→ La relaxation et la méditation

Nous l'avons déjà évoqué : les approches visant à contrôler ses pensées et sa respiration sont très efficaces quand il s'agit de se délivrer d'un stress.

se fixer des objectifs

Combien de fois avons-nous entendu le fameux « vous avez de la chance » ? Il est vrai que, dans la vie, chacun a sa part de chance, mais, d'après nous, le plus important est de savoir provoquer cette chance et d'oser se mettre dans des situations nouvelles.

La peur de l'échec est ce qui empêche la plupart d'entre nous d'entreprendre. L'évolution, qu'elle soit sociale, professionnelle ou personnelle, est ce qui nous permet de vivre. Sans but, nous ne vivons pas notre vie, nous la subissons. Aussi, pour être heureux, il est essentiel de savoir comment le devenir et ce qu'il faut mettre en œuvre pour y parvenir.

Les plus grands obstacles nous empêchant d'atteindre des objectifs élevés, nous nous les imposons tout seuls : la peur, la crainte de l'échec ou le regard des autres. Une fois libérés de ces obstacles, tout devient possible. Avec du travail et de la volonté, chacun peut atteindre les rêves auxquels il croit.

C'est exactement ce qui s'est passé pour nous. Nous avons toujours fait partie de ceux qui en voulaient, qui se bougeaient pour obtenir ce qu'ils voulaient. Nous ne sommes pas issues de familles aisées ni de milieux très influents. Nous avons toujours dû nous débrouiller seules avec notre force et notre ambition, pour trouver des emplois d'étudiant, des stages ici ou à l'étranger, ou encore pour faire de YouTube notre métier.
En revanche, YouTube ne faisait pas partie de nos objectifs. C'est arrivé à force de travail et de persévérance.
Nous avons commencé, comme la majorité des youtubeuses, pour nous amuser. Pour partager, pour donner une autre dynamique à notre quotidien. Quand, le 21 octobre 2012, nous avons lancé notre première (et timide) vidéo, nous ne nous sommes pas dit que ça nous ferait vivre.
Et le temps a passé, nous nous sommes prises au jeu. Cette envie de nous surpasser ne nous quittait plus, nous voulions apprendre encore, grandir davantage et, un jour, Caroline a dit à Safia : « À la fin de notre master, nous pourrons certainement entièrement nous consacrer à YouTube. »
Autant vous dire que Safia, pragmatique et prévoyante, n'y croyait pas du tout, le facteur chance étant un peu trop présent à son goût, elle qui s'imaginait déjà chercher du travail à travers le monde et galérer comme il se doit.

ZONES ÉROGÈNES
COCTEAU
SHANGHAI STYLE

atteindre
rtain stade
encore faut-il
savoir
le définir.

TESTÉS ET APPROUVÉS !

→ Définir un but

Pour atteindre un certain stade, encore faut-il savoir le définir.
Si vous êtes du genre visuel, rien de tel que de créer un *vision board* pour voir clairement ce que vous souhaitez accomplir. Pour cela, prenez une feuille A3, fixez-la à un endroit bien visible et collez-y tout ce qui représente ce que vous souhaitez accomplir. Une autre solution, qui fonctionne très bien chez nous : changer de fond d'écran ! Que ce soit celui de votre téléphone ou celui de votre ordinateur, affichez-y votre objectif. Vous l'aurez ainsi toujours sous les yeux : de quoi ne pas l'oublier !
C'est particulièrement efficace pour le sport. Des mois se sont écoulés durant lesquels nous avions Kayla Itsines ou une autre sportive au corps musclé en fond d'écran ! Pendant le Programme Déesse que nous avons réalisé début 2015, cela nous a boostées. « Alex, tu crois que j'aurai un corps comme ça à la fin du programme ? » demandait Caroline en rigolant. Et Alex, en gentil coach : « Oui Caro, vas-y, donne-toi à fond ! »
Si votre objectif est d'aller vous dorer la pilule sur la plage de Copacabana l'été prochain, mettez-le aussi en fond d'écran, ça vous aidera peut-être à ne pas dépenser 50 euros dans des bottes que vous avez déjà, mais plutôt sur un compte spécial : « Les vacances, c'est la santé » !
Gardez bien en tête que vos objectifs ne sont pas ceux de votre voisin ni de votre sœur ou de votre meilleur ami. Nous sommes tous différents et uniques, nos envies et objectifs le sont aussi.
Cette différence se traduit également sur la durée. Certains, comme Safia, se fixeront des objectifs à long terme et y travailleront doucement et sûrement (commencer ses cartons de déménagement 6 mois avant le jour J) ; d'autres, comme Caroline, se fixeront des objectifs à plus court terme, y travaillant sans relâche pendant une courte période (1 semaine pour les cartons, ça suffit aussi). L'important n'est pas la façon d'y parvenir, mais justement d'y parvenir !

→ Chasser les distractions

Pour vous donner corps et âme à un projet, vous devez absolument tenir toute forme de distraction à l'écart.
Exit le téléphone portable et l'ordinateur lorsque vous êtes en pleines révisions. *Adios* les chips et les boissons sucrées lorsque vous souhaitez manger équilibré. *Bye bye* les photos de votre ex quand vous voulez reconstruire votre vie !
Tout est une question de convictions. On ne peut pas tout avoir dans la vie : le corps de Kayla et le burger de McDo, les derniers gossips sur Kendall Jenner et 18/20 au contrôle d'histoire… Chaque chose en son temps.
Et puis, dès lors que vous aurez envie de craquer sur quelque chose, posez-vous cette question : cette chose va-t-elle me rapprocher un peu plus de mon objectif ? Si la réponse est non, alors oubliez ! Vous verrez que la frustration ne dure pas est que la satisfaction d'avoir résisté sera bien plus grande et bien plus valorisante.

→ Se récompenser

Il n'y a pas de petite victoire ! N'hésitez pas à vous récompenser pour chaque étape franchie vous rapprochant de votre objectif. Par exemple, prenez une boîte, des morceaux de papier, et écrivez sur chaque papier une récompense qui vous ferait plaisir : regarder un épisode de votre série préférée (*Devious Maids, Hawaii 5-0, Prison Break* ou même *Dexter*...), sortir au ciné, aller manger une glace... Écrivez toutes les choses qui vous font plaisir mais que vous devez mettre de côté le temps de la réalisation de votre but. Sortez ensuite un papier de la boîte à chaque étape franchie !

Un de nos gros accomplissements est sans aucun doute notre participation au Programme Déesse. Il n'est pas du tout évident de se mettre au sport de façon si intense et de manger de façon si contrôlée. Nous avions l'habitude de pratiquer un peu de sport régulièrement, mais sûrement pas autant qu'aujourd'hui. Et puis, avouons-le, nous adorons manger du chocolat, des biscuits, du fromage, mais, ces dix semaines ont été « 100 % propres ». Cela valait bien une récompense ! Un repas « 100 % libre », où tout était permis. Entre les pizzas, la pâte à tartiner, le chocolat et les crêpes, tout y est passé. (On ne parlera pas de l'avocat et du pain au seigle de Safia, qui n'avait pas tout à fait saisi le concept, apparemment.)

→ Ne pas avoir peur de l'échec

Nous sommes à la fois notre plus grande force et notre plus grand frein. Partant du principe que tout ne dépend que de nous, nous pouvons aussi bien être notre propre moteur comme notre propre obstacle. À nous de choisir.

La peur de l'échec est une notion que l'on nous inculque dès la plus tendre enfance. Il est mal vu d'échouer... En revanche, on ne s'attarde pas sur le courage d'avoir tenté, essayé, cru.

On ne rate certes rien quand on vit avec une peur maîtresse qui nous empêche d'entreprendre. Et une vie sans risques peut être agréable... mais pas pour tous, pas pour nous. Nous aimons prendre des risques, même si, évidemment, nous avons peur de l'échec.

À force d'essayer et d'explorer de nouveaux horizons, nous avons appris, du haut de nos 25 ans, à quel point l'échec était constructeur. Évidemment, à court terme, cet échec est notre pire ennemi, il nous conduit au drame. Mais, finalement, que ce soit en amour, en amitié ou au travail, il nous enseigne comment mieux faire et nous pousse à recommencer, jusqu'au succès.

Il y a quelques années, nous sommes parties vivre de l'autre côté de l'Atlantique : Caroline au Canada et Safia en Colombie. Ces deux expériences étaient à la fois « flippantes » et ultra-curieuses. Les semaines et les mois avant nos départs étaient partagés entre l'impatience de la découverte et l'anxiété de tout perdre. On sait ce qu'on laisse, mais on ne sait pas ce que l'on va trouver, d'autant plus à des milliers de kilomètres de ce que l'on connaît.
Nous sommes arrivées dans des pays que nous ne connaissions pas, au milieu d'inconnus. Nous ne parlions pas forcément bien la langue, le *jetlag* nous avait mises K.-O. Un bagage perdu en cours de route et c'était le pompon !
Les jours sont passés, nous nous sommes créé un nouveau quotidien et nous en avons de plus en plus profité.
Nous avons vécu ces premiers voyages dans le cadre de nos études et ils nous ont simplement donné envie de repartir, malgré les premiers jours parfois difficiles où nous nous demandions ce que nous faisions là et où la sensation d'échec n'était pas loin.
Alors, voici une recette du pseudo-succès (personnel et spirituel) : un peu d'audace, de l'envie, un soupçon de risque et un soupçon de peur, ajoutés à de la patience. C'est peut-être simplement ça, ne pas avoir peur de l'échec.

La chance est quelque chose qui va et qui vient en fonction de chacun.

Selon nous, la chance est quelque chose qui va et qui vient en fonction de chacun. Et, si nous ne la provoquons pas, elle ne se manifeste pas. En revanche, si nous mettons tout en œuvre pour atteindre ce que nous désirons le plus, alors il est possible qu'un beau jour, nous y parvenions !

Il est évident que nous rencontrons tous des périodes de poisse incompréhensibles et vraiment rageantes. Oui, *tous*. Difficile à croire, non ? Nous avons pourtant aussi tous cette impression que certaines personnes sont naturellement chanceuses, que rien de mauvais ne leur arrive. FOUTAISE ! Vous, nous, nos amis, notre famille, chaque personne que nous rencontrons a sa part de malchance.
Alors, une fois de plus, la solution est de relativiser. Finalement, la vie est un jeu et, sans embûches, elle ne serait pas amusante.

19 ans et en vadrouille en Amazonie.

happy people

Dans la vie, tout est une question d'attitude. L'attitude avec laquelle on confronte notre entourage détermine l'état dans lequel on est et conditionne l'état dans lequel on souhaiterait être.

POSITIVE ATTITUDE

Il est tellement plus simple de renoncer à faire quelque chose par peur de l'échec ou par pessimisme que de tenter de soulever des montagnes ! Et pourtant, la facilité n'est pas ce qui nous apporte le plus dans la vie, bien au contraire !

Nos paroles et nos actions ont beaucoup plus d'impact sur les autres que ce qu'on imagine. Valoriser les personnes qui nous entourent est le meilleur moyen de les aider à avancer et à prendre conscience de leurs capacités. Depuis que nous sommes enfants, nous avons tous été confrontés à l'échec et à la remise en question. De ces critiques, il a fallu en ressortir le positif pour pouvoir s'améliorer et avancer. Chacun évolue à sa manière dans un monde qui lui est propre et personne ne peut partager 100 % des avis de l'autre. C'est pourquoi la tolérance est ce qu'il y a de mieux pour garder une attitude positive.

Chaque obstacle se dressant sur notre route est surmontable. Chaque obstacle a sa raison d'être : les coups durs nous apprennent à profiter des moments heureux ; les disputes nous rappellent à quel point les moments calmes sont appréciables.

On dit souvent que l'on se rend compte de l'importance qu'avaient les personnes dans nos vies lorsqu'elles s'en vont. C'est en réalité le cas pour tout, de manière générale. On n'a jamais autant soif que lorsque l'on est privé d'eau et on ne saurait jamais ce qu'est le bonheur si l'on n'était jamais confronté au malheur. Dans chaque épreuve de la vie, il y a une leçon à retenir et une force à en tirer.

En exposant nos vies sur Internet, il nous est arrivé de devoir faire face à ce que l'on appelle communément les « *haters* ». Notre première réaction a été l'incompréhension et la colère devant cet élan de méchanceté gratuite provenant d'inconnus. Aujourd'hui, nous avons beaucoup appris de notre expérience sur YouTube. La première leçon étant que l'on ne peut pas plaire à tout le monde. Encore heureux ! Que le monde serait ennuyeux si tout le monde était du

POUR VOIR LA VIE DE MANIÈRE POSITIVE, IL EST INDISPENSABLE DE S'ENTOURER DE GENS POSITIFS. SI CERTAINS MEMBRES DE VOTRE ENTOURAGE – QUE VOUS PENSEZ ÊTRE DES AMIS – ONT UNE MAUVAISE INFLUENCE SUR VOUS, VOUS DEVEZ VOUS EN DÉTACHER. CE N'EST CERTES PAS TOUJOURS FACILE, ET IL ARRIVE PARFOIS QUE L'ON SOIT TELLEMENT ENFERMÉ DANS UNE RELATION, QU'ELLE SOIT AMICALE, AMOUREUSE OU FAMILIALE, QUE L'ON NE SE REND PAS COMPTE QUE L'AUTRE NOUS FAIT DU MAL.

même avis que nous ! Nous avons également appris que cette méchanceté gratuite découlait souvent d'une insécurité. Les personnes qui trouvent du plaisir à rabaisser les autres sont finalement plus à plaindre qu'à craindre.

Cela s'applique de manière générale à n'importe quelle situation de harcèlement ou de mauvais traitement que l'on peut subir au quotidien. Est-ce qu'une personne heureuse prendrait le temps d'en rabaisser une autre ? Sans doute pas. Sachez aussi que les personnes négatives et malsaines cachent souvent des blessures qu'elles ont du mal à soigner. Nous avons des difficultés à penser que l'on puisse naître bon ou mauvais. L'attitude que l'on adopte est celle que l'on maîtrise le mieux pour se protéger de ceux qui nous entourent. Alors, c'est peut-être difficile à appliquer mais, si quelqu'un vous attaque constamment, essayez de savoir « pourquoi ». Nous agissons tous selon les codes que nous connaissons et il arrive même parfois que nous soyons blessants sans le vouloir. C'est pourquoi, pour éviter l'incompréhension et pour éviter d'agir de la mauvaise façon, il est préférable d'adopter une attitude positive envers les autres.

Lorsque nous semons du positif autour de nous, nous récoltons du positif en retour.

Notre expérience nous a appris que, lorsque quelqu'un vous attaque de manière constante et injustifiée, s'il n'est pas possible de créer un dialogue pour résoudre le différend, alors l'ignorance est le meilleur des mépris. Dès lors que cette personne se rendra compte que rien n'entachera votre bonheur, elle cessera. C'est comme si cette personne essayait de forcer votre porte et que vous refusiez de l'ouvrir. Il arrivera bien un moment où elle s'essoufflera et s'arrêtera d'elle-même.

5 FAÇONS DE RESTER POSITIF

1. Se rappeler les difficultés que l'on a déjà surmontées

En grandissant, on se rend compte que la vie est faite d'embûches et que notre enfance ressemblait bien à un cocon douillet où rien ne nous atteignait (parce que oui, les montagnes que l'on se faisait à 7 ans ne sont rien, comparées à celles que l'on doit escalader plus tard).

La première embûche qui barre notre route – ou peut-être même la première défaite – est sûrement celle qui surprend le plus. C'est ce qui est arrivé à Safia quand on lui a annoncé qu'elle n'avait pas son permis du premier coup. Chaudes larmes, bras des copines, sentiment d'être nulle... Bref, on passe par tout un tas d'émotions.

Et puis le temps passe et, à chaque nouvelle (vraie) montagne, on se souvient de quelle façon on a gravi les précédentes. On se rend également compte que, parfois, le problème du jour est loin d'être aussi problématique que d'autres que nous avons déjà rencontrés et surmontés.

Ainsi, en accumulant plein de bonnes ondes et d'attitudes positives, on devient plus fort et on peut avancer avec toujours un peu plus d'assurance.

Pour se construire, il est important d'écouter les signes de la vie et de les interpréter avec le plus d'optimisme possible, car rien n'arrive par hasard.

2. S'ouvrir aux autres

Nous rencontrons tous des moments de faiblesse. Échanger avec l'autre est une source d'enrichissement incroyable. Et, tout comme nous croyons que plus nous semons le bon, plus il se manifeste dans notre vie, nous croyons que plus nous nous ouvrons aux autres et plus les autres s'ouvriront à nous. Après tout, ce n'est qu'une question de logique.

Évidemment, nous sommes tous plus ou moins disposés à cette ouverture aux autres, mais il ne fait aucun doute que nous ne pouvons pas vivre sans « ces » autres, et savoir partager des moments ensemble participe fortement à la construction de notre *positive attitude*.

Il ne faut pas oublier que notre perception des situations est souvent bien restreinte, et s'ouvrir aux autres permet d'apporter un regard neuf et souvent moins dramatique. Ce qui peut nous sembler insurmontable à un moment donné peut, s'il est mis en perspective par autrui, être finalement vraiment dérisoire.

Cela nous arrive souvent ! L'une se retrouve submergée par le stress et ce n'est qu'en écoutant les conseils de l'autre qu'elle réussira à relativiser et à positiver.

3. Se dire que tout arrive pour une raison

C'est l'une de nos devises. TOUT, absolument TOUT ce qui arrive sur votre route a un sens, parfois dérisoire, mais parfois aussi capital. Évidemment, on peut ne pas y croire, mais c'est encore une façon de dédramatiser une situation qui nous échappe, négative. Par conséquent, quand une personne décevante ou un mauvais tournant croise notre chemin, alors on sait que c'est le moment de changer de route.

4. Libérer son esprit

Les gens les plus positifs sont souvent ceux qui ont l'air d'être les plus libérés. Comme si le fait de faire des expériences, de voir du pays et de créer des liens nous permettait d'être en harmonie et pleins de positivisme.
Nos premières expériences à l'étranger nous ont permis de nous libérer la tête de tout ce que nous connaissions, nous ont transformées et appris que ça ne servait à rien de voir les choses du mauvais côté. Afin de profiter de chaque instant, restons positifs !

5. Bien choisir ses amis

Ce dernier point peut paraître un peu sévère, mais laissez-nous vous expliquer. Vous ne le remarquez peut-être pas, mais certaines personnes proches de vous peuvent avoir un impact négatif sur votre état d'esprit. Y a-t-il dans votre entourage quelqu'un qui trouve toujours quelque chose à redire sur tout (« ce plat est trop froid », « cette fille est trop grosse », « ce lit est trop mou »...) ?
En effet, certaines personnes, sans même s'en rendre compte, passent le plus clair de leur temps à analyser, critiquer et se comparer aux autres. Essayez avec délicatesse de le leur faire remarquer et, si rien ne change, vous feriez mieux de vous défaire de tant de négativité.

sourire

***F**aites un petit test pendant une journée pour voir l'impact que votre sourire a sur les gens que vous croisez.*

Nos sourires sont nos forces. Ils nous permettent d'exprimer la joie, mais aussi de cacher nos blessures, de nous préserver. Et, de même que la vitamine D apportée par le soleil, le sourire est capital pour notre bien-être.

Langage universel, le sourire est certainement notre plus grand pouvoir sur la vie. Il peut véhiculer tellement de messages en un simple mouvement !

Il n'est pas toujours évident de sourire... Parfois le cœur n'y est pas et notre tête nous suggère plutôt de nous renfermer sur nous-mêmes. Ces moments-là, où nous ne nous sentons pas en phase avec nous-mêmes, avec les autres et avec la vie, sont les plus grandes épreuves du sourire.

Quand un problème survient dans notre vie, notre travail et notre quotidien, le sourire disparaît sans que nous puissions le contrôler. Pourtant, il est beaucoup plus intéressant de régler les problèmes en souriant. Le sourire traduit le lien avec l'autre. Ce lien positif et plein de bonnes ondes qui donne envie de créer et d'aller de l'avant. Sourire ne signifie pas forcément que tout va bien, mais simplement que l'on a envie que tout aille bien et que l'on se trouve dans une dynamique positive.
Alors, partant du principe que le sourire apporte le sourire, la vie ne serait-elle pas plus simple et agréable si tout le monde souriait ?!

5 RAISONS DE SOURIRE PLUS SOUVENT

1. Embellir son visage

Parce que sourire rend beau ! Vous ne vous êtes jamais fait la réflexion ? Caroline était en train de regarder un téléfilm avec sa grand-mère quand ça l'a frappée : on a souvent tendance à trouver les gentils beaux et les méchants moches. Le pouvoir d'un sourire sur un visage est bien plus puissant que toutes les couches de maquillage du monde, alors portez-le sans modération !

on ne se connaît pas
forcément aussi bien
que ceux qui nous côtoient
au quotidien.

2. Attirer la sympathie

Les gens sont enclins à être plus sociables avec ceux qu'ils jugent amicaux. Eh oui, sourire davantage pourrait vous faciliter la vie en société, aussi bien pour vous faire des amis que dans le monde du travail ou lors de rencontres amoureuses. La première chose qui se dégage de vous avant même que vous ouvriez la bouche, c'est votre apparence, ne l'oubliez pas.

3. Se rendre heureux

On dit souvent que l'appétit vient en mangeant... Et si le bonheur venait en souriant ? Sourire peut non seulement avoir un effet sur l'image que vous renvoyez aux autres, mais également sur celle que vous avez de vous-même.

4. Se concentrer sur le positif

On pourrait simplement partir du postulat que sourire nous permet de ne pas penser à ce qui pourrait être négatif dans notre vie. En souriant, nous offrons la possibilité à ceux qui nous entourent de lire un message positif et peut-être que, logiquement et de manière corrélée, un message positif de leur part arrivera en retour. Il semblerait que l'on ne récolte que ce que l'on sème. Nous aimons nous dire qu'en semant des sourires et du positif, nous pouvons en récolter en retour.

5. Briller

Il y a « briller » et « briller ». Il y a ceux qui brillent, car ils veulent briller, et ceux qui brillent, car leur attitude force une espèce d'admiration.

> ***Le sourire est une forme de mise en avant, sans que cela n'ait absolument rien de prétentieux ni de hautain. Il est simplement remarquable de rencontrer quelqu'un qui sourit dans cette société pas toujours très joviale. Finalement, cette personne brille.***

Ce qui est paradoxal, cependant, c'est que ce qui fait briller pour certains peut aussi être un sujet de remarques désagréables pour d'autres. Nous ne comptons plus le nombre de personnes qui, sur les réseaux sociaux, « reprochent » à Safia de « trop sourire ». Nous avons toujours trouvé ça complètement absurde et avons même fini par en faire une vidéo (alors que nous ne parlons jamais de ce qui nous gêne, car nous considérons que ce n'est pas très intéressant et constructif). Mais nous sommes tellement convaincues que le sourire est un bijou que nous en étions arrivées à avoir besoin d'en parler.
À l'inverse, dans la vie de tous les jours, cette vie plus « normale » que celle de YouTube, on a toujours dit à Safia que son sourire était agréable et que nous en manquions parfois beaucoup.
Ces situations complètement aux antipodes l'une de l'autre pourraient nous rendre folles, mais nous avons plutôt décidé d'en rire et de continuer à sourire tant que nous en avions envie !

avoir confiance en soi et en les autres

La confiance en soi est certainement le sentiment le plus fort pouvant diriger votre destin. C'est elle, et elle seule, qui va décider si oui ou non vous allez tenter quelque chose. Une nouvelle école, un déménagement, un stage à l'étranger ou bien tout simplement oser draguer ce mec mignon qui vous plaît tant.

Avoir confiance en soi et en les autres, c'est tout simplement parvenir à se libérer de ses peurs. La peur du rejet, de l'inconnu, de l'échec, la peur de vivre.

Bien entendu, avoir confiance en soi n'est pas facile et, selon son caractère, cela peut même s'avérer une lutte. Nous avons appris à avoir confiance en nous petit à petit, à mesure que nous nous rendions compte que les échecs n'étaient rien, en comparaison de la satisfaction d'avoir osé accomplir quelque chose. La confiance en soi passe par la connaissance de soi et de ses capacités.

→ À quel point est-il bon d'avoir confiance en soi ?

On se pose la question quand on croise ces gens un peu trop prétentieux, trop sûrs d'eux, trop nombrilistes, incapables d'appréhender le potentiel de ceux qui les entourent. On a tous connu ce type de personnes...

Et puis, c'est comme tout. Une histoire de juste milieu, de respect de l'autre et de son entourage. D'ailleurs, il n'est même pas certain que ces personnes aux allures d'assurance parfaite aient véritablement et profondément confiance en elles.

Il peut arriver que l'on ait l'impression de faire partie de cette catégorie-là, de ceux que l'on sent trop sûrs d'eux, dotés d'une confiance presque infaillible, alors que le contraire serait plus proche de la vérité.
Il semble alors primordial de construire une confiance en l'autre afin de construire une confiance en soi.

→ La confiance en l'autre

Jour après jour, on écoute et on s'instruit de ce que l'on dit de nous. On se forge une perception d'après les propos que l'on nous rapporte. On ne vous parle pas d'écouter les ragots et autres commentaires peu informés sur votre compte, mais plutôt de faire confiance à ceux qui vous aiment et d'écouter ce qu'ils ont à vous dire. Que cela soit bon ou moins bon.

Il existe très certainement une voie de la sérénité et de la confiance en soi quand on est capable de comprendre et d'appréhender ce que notre entourage a à nous dire.

Ce lien de confiance que l'on a avec l'autre est valable pour tous. Ne vous a-t-on pas déjà dit que vous étiez de telle façon alors que vous étiez persuadé du contraire ? « Safia, tu veux toujours avoir le dernier mot ! », « Caroline, tu veux toujours avoir raison ! »
Finalement, si nos proches nous le disent, c'est qu'il y a une part de vrai. Alors, que l'on manque de confiance en soi ou que l'on en ait assez, il est primordial d'avoir aussi confiance en les autres.

→ Et le lien aux autres ?

Mais, sans forcément parler de nos amis, de notre famille et de nos proches, vous ne trouvez pas qu'on manque cruellement de liens ?

On se demande souvent pourquoi, dans nos sociétés, il y a ce temps d'apprivoisement nécessaire entre deux personnes, alors qu'en se déplaçant dans d'autres pays, la confiance et le lien sont rois en un rien de temps.
C'est un peu l'histoire de nos vies. Il y a quelque temps, Caroline avait été accueillie par une famille malaisienne, alors qu'elle avait rencontré la femme 1 mois plus tôt seulement au hasard d'un aéroport. Elle avait vécu plusieurs jours chez eux, comme eux, de la manière la plus naturelle possible. Une confiance et un lien incroyables s'étaient établis d'eux-mêmes entre cette famille et Caroline. Il y avait certainement une part de doute, de questionnement, mais, finalement, chacun était parti du principe que la confiance et le partage étaient des évidences, et c'était simplement beau, vivant, humain.

Des histoires comme celle-ci, nous pouvons nous en créer à chaque instant, mais nous ne le faisons pas. Vous nous aviez peut-être même suivies à Santorin, quand nous vivions chez ce restaurateur qui ne nous demandait rien, qui nous prêtait une chambre les pieds dans l'eau sur une île incroyable. C'était encore une expérience de confiance et de respect de l'autre que nous ne pourrons jamais oublier. Grâce à Ragi, nous avons vécu les 3 ou 4 jours parmi les plus dépaysants de notre vie, mais aussi parce que Santorin est un lieu absolument incroyable.

PHILIPPE DJIAN
COCTEAU
SHANGHAI STYLE

Et puis, enfin, il y a cette confiance que nous avons en vous. Cette confiance que nous vous donnons parce que nous sentons qu'elle est réciproque.
Chaque jour, nous vous racontons un peu plus qui nous sommes. Nous vous livrons un peu de nous-mêmes et nous finissons même fini par trouver ça normal.
Parce que vous savez nous faire confiance, parce que vous savez nous prouver que nous pouvons vous faire confiance – certainement comme nous le faisons de notre côté –, ce lien se tisse entre vous et nous. La question n'est pas de faire pleurer dans les chaumières avec ces quelques lignes mais, simplement, il nous paraît primordial de vous faire passer ce message. Si nous continuons à grandir à vos côtés, jour après jour, c'est que nous n'avons pas peur de votre regard. Nous avons confiance en vous. Vous êtes notre plus grande force.

4 CONSEILS POUR AVOIR CONFIANCE EN SOI

1. Quand on veut, on peut !

Vous n'êtes pas moins bon qu'un autre et, si vous vous donnez les moyens de réussir, vous y parviendrez ! Récemment, nous avons dû monter sur scène devant plus de 10 000 ou 15 000 personnes, lors du Video City, à Paris. Croyez-nous, nous étions mortes de trouille la veille de notre premier passage sur scène. Mais notre motivation était plus grande que notre crainte et nous avons réussi ! Le lendemain, nous n'avions plus peur du tout, car nous savions que la satisfaction de nous être éclatées sur scène avec vous était bien plus importante que la peur que nous avions eue juste avant.

2. Se défaire du regard des autres

Vous vivez votre vie pour vous et pas pour les autres. Peu importe ce que certaines personnes pensent de vous tant que vous vous sentez bien dans votre peau. Vous êtes votre seul juge ! Notre exemple vous paraîtra peut-être superficiel – peut-être parce qu'il l'est, d'ailleurs –, mais Caroline avait beaucoup de mal à sortir sa caméra et à parler en public à l'ouverture de la chaîne. Ce n'est que, petit à petit, avec sa force de persuasion, qu'elle a réussi à se défaire totalement du regard des autres – qui se mettaient à la fixer étrangement lorsqu'elle se mettait à parler à sa caméra, seule dans la rue.

IL N'EST CERTES PAS FACILE DE NE PAS SE SOUCIER DE CE QUE PENSENT LES AUTRES, MAIS C'EST UN TRAVAIL DE LONGUE HALEINE, ET PLUS VOUS VOUS PERSUADEREZ QUE CE QUE VOUS FAITES, VOUS LE FAITES POUR VOUS AVANT TOUT, PLUS VOUS VOUS SENTIREZ À L'AISE.

FAITES TAIRE UNE BONNE FOIS POUR TOUTES CETTE PETITE VOIX QUI VOUS DIT : « NE TENTE PAS, TU VAS ÉCHOUER » !

3. L'échec ne dure jamais

Vous échouez à un examen ou à une représentation ? Et alors ? L'échec n'est pas éternel, contrairement à la réussite ! Quand on rate quelque chose, on a plein d'occasions de faire mieux. Et puis sachez aussi que ce que vous considérez comme un énorme échec n'est en réalité peut-être pas si grave.

Quand elle était plus jeune, Caroline a pratiqué le piano durant 10 ans. Pour elle, le « brevet de piano », le diplôme ultime, était la consécration de toutes ces années de travail, de toutes ces heures passées à réviser des partitions dont elle ne se souvient pas de la moindre note.

Elle était tellement stressée et obnubilée par l'obtention de ce titre qu'elle a finalement échoué à l'examen final. Elle n'a jamais accepté ce premier échec dans la vie et, suite à ça, elle a décidé d'arrêter totalement la musique, malgré l'obtention des neuf précédents diplômes et du brevet de solfège. Caroline regrette encore aujourd'hui d'avoir laissé cet échec ruiner sa passion pour la musique...

4. Le ridicule ne tue pas

Nous avons tous vécu des situations où tout ne se passait pas comme prévu, des situations parfois ridicules. Et alors ? Nos faiblesses nous définissent autant que nos forces. Nous sommes humains et ne pouvons pas tout réussir à la perfection. Aujourd'hui, ça tombe peut-être sur vous, mais qui sait si, demain, ça ne sera pas le tour de votre voisin ? Quoi qu'il arrive, ayez confiance en vous et en vos capacités, car c'est souvent lorsqu'on a le plus peur du ridicule que celui-ci s'abat sur nous.

S'empêcher de faire quelque chose par peur du ridicule est encore plus ridicule.

avoir confiance en la vie

Les personnes que nous rencontrons, qui croisent notre chemin, ont toutes quelque chose à nous apprendre. Oui, nous faisons des erreurs, nous sommes humains. Nous accordons parfois notre confiance aux mauvaises personnes et en ressortons meurtris et un peu plus craintifs.

Mais ce n'est pas une raison pour ne plus jamais se laisser aller à ses émotions. La seule façon d'atteindre le bonheur est de prendre le risque d'être entièrement à découvert, de lâcher prise.

→ Ne pas perdre espoir

Comme tout le monde, nous n'échappons pas aux situations délicates, à ces instants où le sort s'abat sur nous et qui nous empêchent de voir la beauté de la vie. Nous traversons tous de bonnes et de mauvaises périodes. Le tout est de ne pas perdre l'espoir que les choses s'arrangeront, car c'est le seul sentiment auquel nous pouvons nous accrocher lorsque tout va mal. La perte d'un proche, un chagrin d'amour et le manque d'une personne que l'on n'a jamais connue sont certes des moments de tristesse (parfois intense), mais ils ne doivent pas entacher notre confiance en la vie.

La période la plus difficile dans la vie de Caroline a été lors du départ de son père. Suite à son divorce, il a décidé de partir refaire sa vie à des milliers de kilomètres, sur l'île de La Réunion.
Caroline en voulait alors énormément à la vie. Cela faisait plus de 1 an qu'elle ne voulait plus le voir à cause d'une grosse dispute. Un an où seuls 30 km la séparaient de son père...
Ce n'est qu'au moment de l'annonce de son départ qu'elle a réalisé le gâchis que cette année avait représenté.
Le souvenir de la séparation est toujours bien présent à son esprit : beaucoup de larmes, beaucoup de « je serai toujours là pour toi », tout en sachant que rien ne serait plus comme avant.
Depuis, le temps a passé, Caroline s'est faite à l'idée de ne voir son père que quelques jours par an et elle savoure chaque instant qui lui est offert avec lui. Elle a également compris que, même si cette séparation a été très douloureuse et qu'elle ne pourra jamais rattraper toutes ces années, son père avait, lui, trouvé son bonheur ailleurs.
Six ans plus tard, le retour de son père approche et elle est plus que jamais décidée à profiter des retrouvailles et du nouvel équilibre familial.

PHILIPPE DJIAN
COCTEAU
SHANGHAI STYLE

De cette séparation, Caroline a tiré une leçon de vie : quoi qu'il arrive et peu importent les différends que vous pouvez avoir avec vos proches, il est primordial de profiter des personnes que vous aimez lorsqu'elles sont près de vous. D'autant plus lorsqu'il s'agit de vos parents.

→ Des liens uniques

Le lien qui nous unit à notre père et à notre mère ne peut être comparé à aucun autre.
Bien entendu, il est possible que nous passions par des périodes de doutes et de conflits avec ceux qui devraient recevoir notre plus grand respect et notre plus grand amour, mais c'est normal. Il arrive aussi que nous soyons persuadés de ne plus jamais renouer un contact perdu, mais nous avons en général complètement tort.

Ayez confiance en la vie, mais semez aussi ce que vous souhaitez récolter. N'oubliez pas que les bonnes personnes, qui nourrissent votre vie, ne sont finalement pas si nombreuses. Nos amis ne se comptent souvent que sur les doigts des mains, et ce sont de ceux-là, en plus de nos parents, que nous devons prendre soin. Alors, même si nos chemins viennent à se séparer, ils finiront très certainement par se joindre à nouveau si nous faisons confiance à la vie.

C'est justement ce qui nous est arrivé. Nous nous sommes rencontrées en septembre 2006 et sommes devenues inséparables en 2007. Nous étions la moitié l'une de l'autre et devions à tout prix être ensemble. Comme un couple. Nous étions jeunes, beaucoup moins tolérantes qu'aujourd'hui, peut-être un peu égoïstes. (Était-ce dû à l'âge ? En tout cas, ça nous plaît bien de nous justifier ainsi !) Et puis, pendant près de 1 an, nous ne sommes plus adressé la parole pour une histoire d'organisation de vacances. On était bien loin des #VlogenCrête et autres merveilleux séjours...
Nous sommes passées d'une amitié ultra-soudée à un silence total, parce que ni l'une ni l'autre ne voulait mettre son ego de côté et dire à l'autre qu'elle lui manquait. La mère de Caroline avait même organisé un anniversaire surprise pour les 18 ans de sa fille... sans inviter Safia. C'était logique, vu la situation, pourtant il ne fait aucun doute aujourd'hui que Safia y serait allée en courant !
Et puis le temps a passé, nous avons grandi et, à force de nous dire que, telle activité, telle folie ou telle bêtise, nous souhaiterions la faire ensemble, nous nous sommes reparlé pour ne plus jamais nous séparer.
On a fait confiance à la vie !

partager avec les autres et agir pour les autres

Selon nous, le bonheur n'existe que s'il est partagé. Qu'il le soit avec l'amour de sa vie, ses amis ou sa famille, le bonheur n'est pas égoïste. S'ouvrir au monde extérieur et aux personnes qui nous entourent est ce qui nous permet d'être.

À ce sujet, une phrase nous a toujours marquées : « Pour nous, les autres, c'est les autres mais, pour les autres, c'est nous les autres. » Nous sommes tous les étrangers de quelqu'un. Et nous avons tous un impact plus ou moins grand sur la vie et les sentiments de notre entourage. C'est d'ailleurs fou de penser que nous pouvons altérer la vie d'autres personnes, que celles-ci soient connues ou inconnues. Nos chaînes YouTube, ou même ce livre, en sont un exemple assez parlant. Si elles parvenaient à changer ne serait-ce qu'une infime partie de votre vie pour vous la rendre encore plus belle, alors ce serait la plus belle des victoires !

Faire quelque chose de bien pour soi est bien sûr toujours plaisant, mais agir pour les autres est d'autant plus valorisant. Prenez Noël par exemple : n'est-il pas toujours plus excitant de voir ses proches déballer les cadeaux que l'on a pris plaisir à dénicher pour eux, qu'ouvrir soi-même ses propres cadeaux ?

→ Remercier, donner, partager

À l'heure où nous écrivons ces lignes, nous commençons à penser à cette période de Noël qui pointe le bout de son nez. C'est le moment idéal dans l'année pour remercier, donner, partager. Il peut sembler un peu étrange d'avoir une période plus appropriée à ces instants d'échange qu'une autre, mais c'est déjà une belle avancée.

PHILIPPE DJIAN

Depuis l'année dernière, nous avons également commencé à jouer le jeu sur nos chaînes YouTube en proposant la série de vlogs #1jour1vlog1kdo. Nous nous sommes dit que, quitte à faire des cadeaux et à gâter ceux qui nous regardent, autant le faire pour de vrai, en offrant, chaque jour, un cadeau choisi par nos soins.

Cette série a fait du bien à tout le monde : à vous, mais aussi à nous. C'était absolument incroyable de voir l'engouement sur les réseaux sociaux, le plus « incroyable » étant de lire les messages postés sur le sujet depuis cet été ! Nous avions déjà prévu de réitérer l'expérience, mais cet enthousiasme ne fait qu'augmenter notre motivation à choisir des cadeaux toujours plus chouettes. Alors, à notre manière et dans ce monde virtuel, nous essayons de véhiculer ce message de partage et de don, parce que ce qui peut apparaître comme une succession de concours est en réalité une expression de notre reconnaissance et de notre amour pour vous et pour tout ce que nous vivons chaque jour.

→ D'une rencontre banale à une histoire extraordinaire

Pour en revenir avec l'histoire plutôt hors du commun de Caroline en Malaisie, le partage était bien le maître-mot de sa relation avec la famille l'ayant accueillie. Au restaurant de l'aéroport, Myanh, malaisienne et mère de famille, était seule à une table. Aussi s'est-elle naturellement jointe à Caroline pour partager un repas et quelques mots. En à peine 10 minutes, elle lui demandait de l'« ajouter » sur Facebook et de faire un selfie.

Quelque chose de certainement commun en Asie du Sud, mais qui parut étrange à Caroline. Myanh la questionnait sur son prochain voyage au Viêt Nam, son pays d'origine, tout en l'invitant à venir séjourner chez elle, son mari et ses enfants, en Malaisie, le mois suivant. Et Caroline accepta.

Ainsi, ce fut l'expérience de partage la plus extraordinaire qui lui ait été donné de vivre !

Une phrase que nous aimons beaucoup dit que les voyages sont les seules choses que l'on achète qui nous enrichissent. Nous y croyons sincèrement et pensons que le meilleur moyen de s'enrichir humainement est de partager avec les autres. Que l'on possède peu ou beaucoup, nous avons toujours quelque chose à apporter aux autres, de manière matérielle ou humaine.

Les enfants de Myanh qui m'appelaient «Sister».

Myanh la traitait comme son propre enfant – et les deux enfants de Myanh l'appelaient *sister*. Le premier soir, elle lui demanda de l'aide pour cuisiner des rouleaux de printemps. Une amie de Myanh était également présente ce soir-là. C'est assises par terre, pieds nus, les mains dans les feuilles de riz, que ces trois femmes partagèrent alors sur leurs expériences de vie.
Les jours qui suivirent, la famille emmena Caroline chercher les enfants à l'école, lui fit découvrir la ville de Hong Kong et profiter des restaurants locaux ou encore des spectacles de danse.

Ce que Myanh a apporté à Caroline était bien au-dessus de tout ce qu'elle pouvait lui offrir en retour. Elle ne le faisait d'ailleurs pas dans le but d'en récolter quelque chose, puisque c'est de façon dissimulée, en sortant de la voiture pour rejoindre l'aéroport, que Caroline a pu lui glisser dans la main un moyen de la remercier autrement qu'humainement.

À notre manière et dans ce monde virtuel, nous essayons de véhiculer ce message de partage et de don.

→ Un partage virtuel

À l'heure où Internet est omniprésent, nous partageons de plus en plus virtuellement, ce que nous faisons sur YouTube et les réseaux sociaux. Nous sommes capables de partager nos expériences de vie à des milliers d'inconnus en un seul clic, et c'est fabuleux ! Néanmoins, nous avons aussi remarqué que plus nous passions de temps à nous sociabiliser *online*, moins nous en passions à partager avec des personnes *offline*.

En termes de partage, la présence qu'occupe Internet aujourd'hui est, selon nous, à double tranchant. Prenez l'exemple du métro. Combien de personnes tapotent sur leur téléphone, les yeux rivés sur le clavier, plutôt que d'échanger réellement avec les personnes qui les entourent ? Combien de commentaires recevez-vous sur les médias dits « sociaux » vous disant : « Oh ! j'adore ta jupe. Elle vient d'où ? » Ou : « Comment tu vas, aujourd'hui ? » Pensez-vous que ces mêmes personnes seraient capables de venir vous poser ces questions dans la vie réelle ? Certainement pas. Et pourquoi ? Parce que nous manquons cruellement de liens. Nous n'avons jamais été aussi liés à des inconnus par le biais des réseaux sociaux, nous n'avons jamais été aussi solitaires et centrés sur nous-mêmes dans la vie réelle.

Caroline a fait le test lors d'un voyage aux Seychelles : pas d'Internet pendant 10 jours ! Cette expérience lui a appris qu'il n'y a rien de tel que se déconnecter pour savourer l'instant présent et apprécier la compagnie des personnes autour de soi.

l'âme

2

...& le corps

la motivation

*« **C'est décidé, je commence demain ! » Combien de fois cette phrase a-t-elle retenti dans votre conscience sans que ce « demain » n'arrive jamais ? Ne vous inquiétez pas, tout le monde est logé à la même enseigne, nous les premières !***

→ Les bonnes raisons

Avant tout, vous devez savoir que les conseils sportifs que nous allons partager avec vous n'ont pas pour but de vous faire devenir plus mince ou plus musclé. Leur seul objectif est que vous vous sentiez bien dans un corps en bonne santé. Quand on entreprend un cheminement pour transformer son corps, l'important est de le faire pour les bonnes raisons.

les raisons de se mettre au sport

1. Vous ne vous sentez pas à l'aise dans votre corps.

2. Vous n'avez aucune pratique sportive.

3. Votre mode de vie actuel ne vous convient pas.

4. Vous devez vous remettre en forme.

5. Vous souhaitez vous vider la tête par l'exercice.

Une fois que vous aurez déterminé « pourquoi » vous ne vous sentez pas au mieux dans votre peau, vous pourrez alors mettre en œuvre les moyens pour y remédier.

Il est également essentiel d'entreprendre cette transformation de mode de vie pour soi, et non pour plaire à l'image que se fait la société du corps des femmes et des hommes. Il n'est pas question de faire du sport pour obtenir le « *thigh gap* » (ce fameux écart entre les cuisses) ou pour ressembler absolument à cette jolie fille sur Instagram. Ces raisons sont ridicules et malsaines, d'autant plus si vous êtes en pleine croissance.
Si vous faites du sport pour les mauvaises raisons, vous ne vous épanouirez pas et, de ce fait, vous ne vous y tiendrez pas. Croyez-en notre expérience !

Depuis le début de nos chaînes YouTube, nous avons toujours mis en avant l'importance du sport et de ses bienfaits. Pour autant, nous n'avions pas de pratique régulière et notre corps n'était absolument pas musclé.
Nous nous sommes mises au sport de façon intensive au début de l'année 2015, car notre corps et le mode de vie que nous avions ne reflétaient pas notre état d'esprit. D'un côté, nous étions déterminées à avoir une pratique sportive pour obtenir un corps ferme et en pleine santé, de l'autre, nous ne suivions aucun programme particulier et n'obtenions donc aucun résultat flagrant.

→ Les bonnes solutions pour se motiver

Selon nous, le plus difficile à gérer, quand on se met au sport, c'est le mental. La motivation est la clé de tout pour parvenir à maintenir un bon rythme sportif.

→ Lister ses objectifs

Ils vous permettront d'atteindre votre but. Attention : ces objectifs doivent être réalistes par rapport à votre morphologie, votre âge et vos capacités. S'ils sont trop élevés, ils pourraient rapidement vous décourager et, s'ils sont trop faibles, alors vous n'aurez pas à vous surpasser pour y parvenir.

→ Recenser ses progrès

Pour mesurer ses progrès, plus qu'un chiffre sur la balance, les photos sont ce qu'il y a de mieux. En vous prenant en photo une fois par semaine, au même endroit, dans les mêmes vêtements et en gardant une luminosité constante, vous pourrez concrètement constater les effets du sport sur votre silhouette.
C'est ce que nous avons fait lorsque nous avons suivi le Programme Déesse. Lorsque nous avions un coup de mou, nous pouvions ainsi puiser notre force en regardant les photos de notre évolution. Safia a d'ailleurs gardé son « avant/après » en fond d'écran pendant des mois après avoir fini le programme.

des objectifs quantitatifs

1. Courir 10 km avant la fin de l'été (c'était d'ailleurs notre objectif l'été dernier).

2. Aller à la zumba deux fois par semaine.

3. Rentrer dans la nouvelle robe/chemise que vous avez achetée.

4. Perdre ces quelques kilos superflus qui se trouvent sur votre ventre.

… ou qualitatifs

1. Améliorer votre santé.

2. Prendre du plaisir dans l'effort.

3. S'aérer l'esprit.

4. Faire des rencontres (les sports collectifs sont parfaits pour ça).

→ Trouver un partenaire

Certaines personnes préfèrent s'entraîner seules, mais nous pensons qu'avoir quelqu'un à ses côtés est une force.

Lorsque nous nous sommes mises sérieusement au sport, nous avons décidé de suivre tous les entraînements ensemble. Cela nous a permis d'être d'autant plus motivées pour réaliser les exercices, mais aussi pour échanger nos ressentis au fil des semaines.

Si vous n'avez personne dans votre entourage pour partager vos séances de sport, rappelez-vous qu'Internet – notamment Instagram – regorge de sportifs motivés et de passionnés prêts à échanger avec vous. Alors, n'hésitez pas à entrer en contact avec eux pour obtenir un soutien supplémentaire.

Se rendre compte d'où l'on vient permet de ne pas se laisser aller et de continuer dans sa démarche.

Partager sa vie sportive virtuellement est un plus. Que ce soit par le biais d'applications de photos « classiques » ou d'applications dédiées au sport, se construire une communauté autour de ses objectifs aide à tenir bon et à avancer.

→ Refaire sa garde-robe

Non, non, vous ne rêvez pas ! Acheter de nouvelles tenues de sport est une excellente source de motivation. Nous avons toutes les deux consacré notre budget shopping à l'achat de vêtements et d'accessoires de sport, lorsque nous avons décidé de nous y mettre à fond, et ça a marché ! L'important est de choisir des tenues dans lesquelles vous vous sentez bien et à l'aise. Caroline préfère les tenues colorées, alors que Safia ne jure que par les tenues sobres et sombres ; il n'y a donc pas de règle tant que l'on se fait plaisir.

Promis, vous allez avoir envie de transpirer dedans !

Et puis, c'est tout bête mais, si vous n'avez qu'une tenue, vous ne tiendrez jamais la semaine complète, car il faudra attendre de la laver pour retourner au sport. On s'évite bien des freins à avoir plusieurs tenues, d'autant qu'il existe aujourd'hui plein de marques dédiées très accessibles !

→ S'inscrire dans une salle ou suivre un programme

Le dernier conseil, mais aussi le plus coûteux, est de s'inscrire dans une salle de sport. Eh oui, quand on fait la démarche d'acheter quelque chose, on a d'autant plus envie de rentabiliser cet investissement. N'est-il pas plus facile de décliner un footing que de ne pas aller à une séance de sport que l'on paie ? Selon nous, l'enjeu économique est une motivation non négligeable pour atteindre son but.

Vous le savez peut-être, nous avons suivi le Programme Déesse. Ce programme nous a littéralement transformées. Non seulement physiquement, mais également mentalement. Il nous a donné de nouvelles habitudes, un nouveau mode de vie, plus sain.
Au tout début 2015, Alexandre Villani et Pierre-Jean Cabrières nous ont exposé leur nouveau programme de sport dédié aux femmes. Ils souhaitaient que nous le testions en avant-première et que nous en parlions sur Internet en toute objectivité.
Nous avions très envie de leur dire : « Oui, OK, mais on attend 1 ou 2 mois, non ? », parce que nous avions peur. Mais nous nous sommes motivées, ensemble, et, le 4 janvier 2015, après notre dernier repas « normal » pour plusieurs semaines, nous avons commencé ce fameux programme.
Certes, le programme nous a été offert, mais nous avions la pression de la part de toute l'équipe : « Vous devez le faire à fond pour montrer à quel point il change la vie ! » Nous avons tenu bon, et Caroline pense même le refaire prochainement pour se remettre sur les rails.

Nos résultats du Programme Déesse.

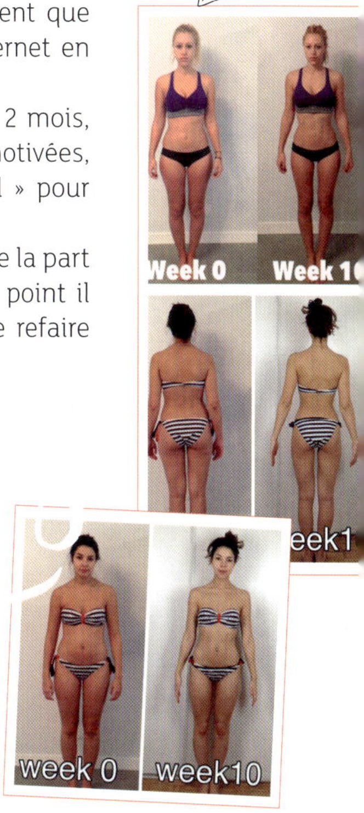

la musculation

Quand on pense à la musculation, on a tout de suite en tête cette image d'homme bodybuildé soulevant des centaines de kilos à la barre et transpirant comme un phoque…

Sachez que cette image est révolue ! Non, la musculation n'est pas réservée qu'aux garçons ! De plus en plus de filles s'y mettent, à tous les niveaux.
Par ailleurs, nous nous sommes fournies en poids de différentes tailles afin de pouvoir réaliser nos exercices de musculation chez nous.

Cette discipline est fascinante, car elle a le pouvoir de nous transformer ! Selon le nombre de répétitions que l'on fait et les temps de repos que l'on s'accorde, on peut décider si l'on souhaite affiner ou gonfler un muscle.

Les exercices détaillés sont ceux que nous préférons, selon les endroits que nous voulons travailler.
Encore une fois, les conseils qui suivent ne sont pas professionnels. Ils résultent de notre expérience et de notre apprentissage personnel en matière de musculation.

LES CUISSES/FESSIERS

Nous aimons particulièrement travailler le bas du corps lors de nos séances de musculation.
Nous avons plutôt pris le parti d'affiner nos silhouettes mais, si c'est du volume que vous voulez, du volume, vous aurez ! Pour approfondir la question et connaître le nombre de répétitions correspondant à vos objectifs, n'hésitez pas à demander conseil à un professionnel.

LES EXERCICES FAVORIS DE CAROLINE

1. Les fentes surélevées

Elles sont idéales pour muscler les fessiers et déclinables de nombreuses manières !

- **Position :** le pied arrière surélevé (canapé, banc, chaise, ce que vous trouvez à proximité !) et le pied avant à terre avec le genou en angle droit.
- **Mouvement :** allez de bas en haut avec le genou du pied surélevé pointant vers le sol. Le genou du pied à terre ne doit pas dépasser vos orteils. Il est important de regarder droit devant vous pour ne pas courber votre dos. Inspirez dans la descente et expirez dans la montée.

1

2

2. Les squats

Ce mouvement est très complet et permet de travailler plusieurs muscles en même temps, notamment les quadriceps et les fessiers.

• **Position :** les pieds en position naturelle, de la largeur des épaules, la pointe légèrement vers l'extérieur.

• **Mouvement :** verrouillez vos hanches et faites partir vos fessiers vers le bas comme pour vous asseoir, jusqu'à ce que le haut de vos cuisses soit parallèle au sol, puis remontez. Inspirez dans la descente et expirez dans la montée.

3. Les soulevés de terre avec haltères

Ils sont excellents pour muscler vos fessiers ! Cependant, ce mouvement est assez complexe à réaliser quand on débute, aussi, n'hésitez pas à vous faire aider par un professionnel au départ.

• **Position :** un haltère dans chaque main, les bras tendus vers le bas, les pieds bien écartés de la largeur du bassin et les genoux légèrement fléchis.

• **Mouvement :** maintenez vos genoux fléchis, sortez votre cage thoracique, baissez le torse jusqu'à l'horizontale et poussez vos hanches vers l'avant. Puis contractez vos fessiers pour revenir à la position de départ.
Ne soulevez pas les talons. Inspirez à la descente et expirez à la montée.

3

LES EXERCICES FAVORIS DE SAFIA

1. La presse

L'idéal pour dépasser ses limites. Safia a compris à quel point elle aimait cet exercice quand Pierre-Jean lui a fait doubler la charge. Elle a alors compris qu'elle était capable de bien plus que ce qu'elle imaginait, en concentrant ses efforts sur la zone qui l'intéressait le plus.

• **Position :** la presse est une machine sur laquelle on se tient allongé, les pieds en l'air sous le plateau de la presse.

• **Mouvement :** poussez très fort le plateau de la machine avec vos pieds, en donnant le plus de puissance possible. Lors de la montée, retenez le plateau au maximum afin de faire travailler tous les muscles des cuisses.

Attention à ne pas trop tendre vos jambes à l'extension afin de prendre soin de vos tendons.

2. Le lever de fessier

Le fameux lever de fessier ! Cet exercice absolument remarquable est réalisable partout, à tout moment et sans matériel. On vous explique ici la variante préférée de Safia.

• **Position :** allongé sur le dos, les jambes pliées, vos talons touchent le sol (vous pouvez poser tout le pied, mais ne poser que le talon permet de travailler les fessiers de manière plus approfondie).

• **Mouvement :** l'idée est de se concentrer sur le bassin ! Les jambes fixes, montez, puis descendez le bassin de manière régulière. Vous pouvez aussi faire deux petits rebonds en haut, puis redescendre. Attention à ne jamais toucher le sol.

N'ayez pas peur de mettre des poids sur votre bassin pour travailler de façon encore plus intense.

3. Les donkey kicks

Alors là, préparez vos poids de chevilles, ça va chauffer et vos fessiers seront bombés !

• **Position :** à quatre pattes, une jambe levée et pliée à 90°. Les coudes peuvent être au sol.

• **Mouvement :** effectuez des mouvements de haut en bas en vous concentrant bien sur le fessier.

Pour augmenter l'intensité, donc l'efficacité, vous pouvez utiliser des poids de chevilles. Plus les poids seront lourds et plus vous pourrez espérer avoir de jolies fesses rebondies et fermes.

2

3

1

2

4. Les abdos

Beaucoup pensent, à tort, que pour avoir un ventre plat, il suffit de faire des exercices ciblés sur les abdos. C'est faux. En réalisant des exercices complets, tels que les burpees, on peut également y parvenir !

Comme pour tous les muscles, le facteur génétique entre en jeu. Certaines personnes peuvent travailler leurs abdos très régulièrement et ne pas avoir de résultat flagrant, tandis que d'autres peuvent avoir des abdos déjà bien dessinés sans rien faire. Eh oui, c'est la loi de la nature ! Nous-mêmes sommes d'ailleurs à l'opposé niveau musculature !

LES EXERCICES FAVORIS DE CAROLINE

1. La planche

Cet exercice permet essentiellement de travailler les abdominaux, mais également l'ensemble du corps.

- **Position :** ventre face au sol, sur les coudes et les pointes de pieds.
- **Mouvement :** décollez votre ventre du sol en contractant bien vos abdominaux et en rentrant vos fessiers pour maintenir la position. Concentrez-vous sur votre respiration pour tenir le plus longtemps possible.

2. Le grimpeur

Caroline entretient une relation d'amour/haine avec cet exercice ! Son côté dynamique fait travailler le cardio tout en musclant les membres inférieurs et supérieurs. C'est aussi l'un des exercices les plus efficaces pour faire travailler la sangle abdominale.

- **Position :** les deux mains écartées sur le sol, le buste relevé et les pieds en arrière, jambes tendues. Le dos reste bien plat et les épaules basses.
- **Mouvement :** effectuez un mouvement de bicyclette en ramenant vos pieds d'arrière en avant successivement.

LES EXERCICES FAVORIS DE SAFIA

1. Le russian twist

Besoin de travailler vos obliques ? Le russian twist peut vous faire perdre l'équilibre, mais il vous dessinera des obliques super jolis !

• **Position :** assis par terre, les jambes surélevées. Vous ne tenez donc que sur vos fesses.

• **Mouvement :** faites pivoter votre buste de gauche à droite. Une répétition équivaut à un aller-retour gauche/droite.

Pour encore plus d'efficacité, il est recommandé de prendre un haltère dans vos mains. Que vous commenciez à 4 ou à 8 kg, peu importe, vous verrez rapidement une évolution.

2. Les relevés de jambes + push

C'est un mouvement de pilates, donc un mouvement doux. Cependant, il vous fera travailler l'ensemble des abdominaux (haut et bas) et vous ne le regretterez donc pas.

• **Position :** allongé par terre, les jambes tendues. On vous conseille de mettre vos mains en forme de triangle sous vos ischions pour éviter de cambrer le dos.

• **Mouvement :** levez vos jambes, puis poussez-les vers le haut comme pour faire une chandelle. Redescendez vos jambes en les contrôlant.

Quand les jambes sont en bas, vous travaillez vos abdominaux du bas et, quand les jambes sont en haut, vous travaillez les abdominaux du haut.

LES BRAS

Les femmes oublient souvent, à tort, de travailler leurs bras. Les exercices qui suivent n'ont pas pour objectif de vous faire prendre du volume, mais simplement de vous muscler.

Peu de disciplines, en dehors de la musculation, permettent de travailler les muscles des bras. Ce sont donc tout naturellement les muscles que nous perdons le plus vite lorsque nous arrêtons les entraînements. C'est pourquoi nous vous recommandons de travailler vos bras à chacune de vos séances.

1

2

2

LES EXERCICES FAVORIS DE CAROLINE

1. Les biceps curls avec haltères

Cet exercice permet de travailler non seulement les biceps, mais également les abdominaux dans leur globalité et les lombaires.

• **Position :** debout, le dos droit et les pieds écartés de la largeur des épaules. Vous avez un haltère dans chaque main.

• **Mouvement :** soulevez les bras l'un après l'autre en effectuant une flexion et une rotation du coude en même temps. Les coudes restent près du corps. Veillez à ne pas tendre complètement vos coudes en bas du mouvement. Inspirez à la descente et expirez à la montée.

2. Le développé Arnold

Cet exercice, rendu populaire par Arnold Schwarzenegger, permet de travailler les épaules, ainsi que les triceps, les trapèzes ou encore les pectoraux.

• **Position :** un genou au sol et l'autre pied bien à plat devant vous, le genou en angle droit. Positionnez les haltères sur le haut de votre poitrine, les paumes de mains face à vous et les coudes vers le bas. Gardez le dos bien droit.

• **Mouvement :** montez les deux haltères au-dessus de votre tête, les bras en angle droit, en effectuant une rotation des poignets de façon à avoir les paumes des mains du côté opposé à vous. Puis revenez à la position initiale en effectuant le mouvement inverse. Expirez dans la montée et inspirez dans la descente.

3. Les extensions triceps avec haltères

Les fameuses ailes de poulet ! Vous savez, celles qui remuent quand on fait coucou ou quand on danse sur *YMCA* ?! Ces exercices permettent de muscler cet endroit qui devient une gêne pour les femmes.

• **Position :** assis ou debout avec un haltère dans chaque main, les bras à la verticale, mais pas complètement étendus.

• **Mouvement :** fléchissez les avant-bras pour amener les haltères derrière la nuque sans dépasser les 90° du coude, puis revenez à la position de départ. Inspirez dans la descente et expirez dans la montée.

3

LES EXERCICES FAVORIS DE SAFIA

1. Le rowing un bras

Si vous le souhaitez, cet exercice peut vous servir à la fois pour les biceps et pour les abdos. On adore les combos, c'est doublement efficace !

• **Position :** en planche sur le tapis, un haltère dans une main. La planche ne tient donc que sur l'autre bras.

• **Mouvement :** levez l'haltère avec puissance, puis contrôlez la descente. Répétez le mouvement sans jamais faire toucher l'haltère au sol.

2. Le développé couché avec haltères

Cet exercice cible tout particulièrement le haut des bras. Ainsi, vous ne ressentirez pas de fatigue ailleurs et, parfois, ça repose malgré tout.

• **Position :** allongé par terre sur le dos, un haltère dans chaque main en gardant les bras ouverts à 90°.

• **Mouvement :** tout en conservant l'ouverture à 90°, soulevez les haltères vers le plafond, en cherchant à les resserrer au-dessus de votre visage. Exercez un mouvement puissant à la montée, puis contrôlez la descente.

3. Le tirage menton avec haltères (ou barre)

On oublie souvent les bras, et encore plus les épaules quand on est une fille. Il est vrai que nous ne souhaitons pas avoir des carrures de déménageurs, mais il est important de travailler l'ensemble du corps pour gagner de la force et être harmonieuse.

• **Position :** debout, les haltères ou la barre dans les mains (vous pouvez aussi commencer par travailler un côté, puis l'autre, quand vous utilisez des haltères). Le buste vers l'avant, le dos et la nuque bien droits afin d'éviter les douleurs.

• **Mouvement :** levez vos coudes vers le haut jusqu'à ce qu'ils soient à la même hauteur que votre dos, puis redescendez. Effectuez un mouvement puissant à la montée, puis contrôlez la descente.

Attention ! Il est primordial de conserver une bonne position pour cet exercice.

3

le running

Il y a quelques années, nous détestions toute forme d'endurance. Caroline était même de celles qui trichaient pendant le courseton ! Vous savez, cette course obligatoire organisée par les écoles ? Le but était de courir autour d'un stade et de décrocher un ticket de son collier à chaque tour.

On décernait ensuite les titres de guépard, antilope ou lévrier, selon la distance parcourue par les élèves. Caroline, elle, détachait deux tickets au lieu d'un à chaque tour et passait plus de temps à marcher en discutant avec ses copines qu'à courir. Au final, elle recevait le titre de guépard comme les meilleurs de sa classe, alors qu'elle aurait dû être un bon vieux lévrier… Espérons que ses professeurs n'auront jamais ce livre entre les mains !
De son côté, Safia s'en fichait pas mal et trouvait que le prof n'était qu'un tyran de les faire courir 20 minutes et, surtout, elle ne savait pas quoi faire de ses bras quand elle courait. Alors, elle se contentait de faire ce qu'elle pouvait et se disait qu'elle rattraperait sa moyenne avec les autres matières.
Bref, les temps ont changé…

Les années ont passé et le dégoût a laissé place à l'intérêt. Nous avons commencé à courir au début de l'été et n'avons pas pu nous arrêter tant le sentiment provoqué par la course est puissant. C'est addictif !

TESTÉS ET APPROUVÉS

LES CONSEILS POUR S'Y METTRE SÉRIEUSEMENT

→ **Savoir où l'on en est**

Afin de constater votre évolution, vous pouvez télécharger une application permettant de mesurer vos progrès : nombre de kilomètres parcourus, vitesse, etc. De nombreuses sont gratuites, n'hésitez pas à en tester plusieurs pour trouver celle qui vous convient. Sur certaines, vous pouvez même comparer vos performances avec celles de vos amis !
Pour les compétitives que nous sommes, cette étape a changé du tout au tout ! C'est d'ailleurs un peu dangereux car, par exemple, Caroline se disait toujours qu'elle voulait courir plus de kilomètres à chaque séance. Il faut également faire attention à ne pas prendre ça trop au sérieux pour que ça reste un plaisir.

La course est
un très bon moyen
d'améliorer son cardio,
tout en évacuant
le stress et
les tensions.

Lorsque vous décidez de vous y mettre sérieusement, fixez-vous des objectifs, des paliers que vous souhaitez atteindre.
Lorsque nous avons commencé la course, notre premier objectif était de courir 2 km. Puis nous sommes passées à 5 en 2 semaines, et enfin, nous voulions à tout prix parcourir 10 km à la fin de l'été. Résultat, nous avons parcouru ces 10 km fin juillet et avons atteint 11 et 12 km durant le mois d'août.

→ Constituer une playlist

Il est important de courir avec de la musique, entraînante ou non, vous donnant envie de vous surpasser, de donner le meilleur de vous-même. Par ailleurs, fondamentale, la musique permet de caler ses foulées en rythme !

Pensez aussi à bien choisir vos écouteurs, car il n'y a rien de pire que des écouteurs qui se font la belle pendant que vous courez. Privilégiez des modèles conçus spécifiquement pour la course.

→ Bien choisir son environnement

Nous avons remarqué qu'un bon environnement avait tendance à jouer un rôle important sur notre motivation. Découvrir de nouveaux paysages est vraiment stimulant. N'hésitez donc pas à chausser vos baskets lors de vos escapades en week-end ou en vacances.
Caroline aime particulièrement se lever tôt le matin pour voir le soleil se lever sur la ville lorsqu'elle va courir, tout en découvrant des ruelles inconnues.

→ Se recentrer sur soi-même

Contrairement à la musculation, la course peut être une affaire individuelle, étant donné qu'il est déconseillé de parler si l'on ne veut pas se retrouver avec des points de côté (Caroline l'a appris à ses dépens, à force de bavarder en courant !).
Pensez donc à faire le vide lorsque vous courez. Concentrez votre attention sur votre respiration, sur les mouvements que vous enchaînez machinalement, sur toutes ces choses qui vous entourent : les odeurs, les paysages et les bruits.
Nous aimons avoir cette sensation de ne faire plus qu'un avec la nature lorsque nous parcourons des chemins.

→ Choisir les bonnes chaussures

La première fois que Safia a acheté des baskets pour courir, le vendeur lui avait dit : « Celles-ci sont bien, mais vous ne pourrez pas courir plus de 45 minutes avec. Avant que je fasse 45 minutes... », avait-elle pensé.
Elle s'est vite rendu compte que le vendeur avait tout à fait raison !
Pour bien courir, il faut être bien équipé, et les baskets sont la base pour s'envoler toujours plus loin.
En testant des chaussures de course, vous remarquerez qu'il y en a qui « courent plus vite » que d'autres. Cela veut simplement dire qu'il y a des baskets FAITES pour courir (et longtemps) et d'autres qui sont plus adaptées au fitness et aux échauffements cardio de quelques minutes.

En parlant d'équipement, nous pouvons aussi vous conseiller de vous acheter un brassard pour votre téléphone. Ces petites pochettes que vous mettez autour du bras vous évitent de devoir porter votre portable et vos clés à la main. Par ailleurs, elles n'altèrent pas le côté tactile des smartphones, vous pouvez donc courir tranquillement, choisir vos morceaux de musique et ainsi dépasser vos limites !

l'acro-yoga

Lorsque nous avons découvert le yoga, nous nous sommes immédiatement intéressées à l'acro-yoga, une discipline mêlant la sagesse du yoga, la force de l'acrobatie et, si elle est pratiquée à plusieurs, le massage thaï.

LES BIENFAITS DE L'ACRO-YOGA

→ La confiance en soi

Une bonne maîtrise de son corps est primordiale lorsque l'on essaie de réaliser certaines figures. Le manque de confiance en soi est au contraire un énorme frein.

Quand nous étions débutantes, nous avons souvent sollicité l'aide de personnes capables de nous assurer lors des réceptions. Nous avons également privilégié les plages (il est plus doux de tomber sur le sable que sur le béton !). Enfin, nous avons beaucoup pris appui sur des arbres ou des murs pour nous mettre dans la bonne position de départ.

les belles plages des Seychelles aident à la concentration !

→ La concentration

Elle aussi est essentielle ! La concentration est ce qui nous permet d'enchaîner nos mouvements de la manière la plus sûre possible pour éviter les chutes. Souvent, lorsque nous essayions de réaliser des figures ensemble, c'était un échec total, car nous trouvions cela bien trop drôle et n'arrivions pas à nous concentrer.

Il est vrai que la force physique joue beaucoup, mais l'harmonie est tout aussi importante. Il est primordial d'être présent dans le moment, conscient de son corps et de celui de son partenaire.

→ La créativité

L'idée finale est d'arriver à construire de nouvelles figures à plusieurs. Et quel plaisir d'immortaliser une belle posture d'acro-yoga – réussie – sur papier glacé ! C'est tellement artistique !

D'ailleurs, si vous n'avez personne pour vous prendre en photo, filmez-vous en train de vous exercer afin d'être certain de capturer l'instant : technique testée et approuvée !

Ou bien si, comme Clotilde Chaumet, notre copine prof de yoga, vous n'éprouvez pas de gêne, demandez aux passants de vous prendre en photo pendant votre figure ! Son compte Instagram regorge de photos plus belles les unes que les autres, qui ont été prises par des inconnus aux quatre coins du monde.

→ La confiance mutuelle

Pratiquer l'acro-yoga avec un inconnu ? Difficile à imaginer. Il paraît évident que, pour avoir confiance en l'autre personne, il faut la connaître. Parvenir à se laisser aller et à faire confiance est essentiel pour réaliser de belles figures. Cette discipline implique une relation de dépendance très forte. Il est important de rester à l'écoute de son partenaire.

→ La souplesse

S'il est pratiqué de manière régulière, l'acro-yoga permet de s'assouplir tout en se musclant. Notamment pour le porteur, s'il s'agit d'un duo ou d'un trio. Il est d'ailleurs très important de s'étirer avant et après chaque entraînement afin de chauffer ses muscles et de ne pas les brusquer. Un drame est très vite arrivé quand on s'entraîne à froid !

Avec Clotilde.

la danse

Entre art et sport, on ne sait pas toujours où placer la danse. Nous avons fait de la danse jusqu'à nos 22 ans : classique et jazz pour Safia ; classique, hip-hop et salsa pour Caroline. Ça nous correspondait parfaitement !

Le plus intéressant, dans cette discipline, est le nombre incroyable de danses différentes existant. Que l'on aime les danses de salon, les danses de rue ou les danses plus féminines..., il y en a pour tous les goûts.

À l'âge de 6 ans, la mère de Safia l'avait inscrite à la danse classique. Safia se rappelle encore très bien ce cours où toutes les fillettes (sauf elle, évidemment) étaient en tutu. La professeur leur avait proposé cet exercice : « se déplacer dans le studio en imaginant être des fées ». Des fées ! Et pourquoi pas des princesses ?! « QUELLE HORREUR ! » À l'époque, elle préférait encore jouer à cache-cache avec ses copains ou aux petites voitures avec son cousin.
Puis, à l'âge de 15 ans, après avoir fait du basket et du taekwondo, renversement de situation : « Je voudrais faire de la danse classique. » Comme s'il lui avait fallu 9 ans pour faire naître la fée qui était en elle et la laisser s'exprimer dans ce studio.
Alors, Safia a fait de la danse classique pendant 2 ans et de la danse moderne jazz les 3 ans qui suivirent.

De son côté, Caroline a elle aussi commencé par la danse classique, puis la GRS et enfin 2 ou 3 ans de hip-hop au lycée. Ça l'éclatait ! Elle portait des baggys et s'essayait à des figures sur les mains. Elle n'en était pas moins féminine dans la vie de tous les jours, mais c'était alors son sport fétiche.
Arrivée à l'université, le hip-hop ne lui correspondant plus vraiment, elle s'est prise de passion pour la salsa. Que ce soit durant des cours avec l'IUT ou dans son bar fétiche à Nice, *La Bodeguita del Havana*, elle apprenait sans cesse de nouveaux pas. Encore aujourd'hui, elle devient hystérique dès qu'elle entend un son latino-salsa ou bachata : elle en raffole !

À 15 ans, fière dans mon justaucorps.

Et que dire des heures passées sur des dance floors de boîtes de nuit à enflammer la salle sur des musiques de folie ! Nous pouvions passer des nuits entières à danser en ne nous arrêtant que pour aller nous rafraîchir.
Nous avons toujours adoré danser et avons la sensation que ce sport, cet art, nous permet d'exprimer une part de notre personnalité. Chacun danse en évoquant un peu qui il est, et c'est absolument remarquable.

Aujourd'hui, nous ne prenons plus de cours par manque de temps, mais aussi parce que ça ne fait pas partie de nos priorités. Bien que nous allions encore parfois en boîte de nuit, nous avons découvert la salsa et préférons nous rendre dans des bars, à l'occasion, pour bouger nos pieds au rythme des sons latino.
À mesure que ces lignes s'inscrivent, nous nous rendons compte que, quand on aime un type de danse, on est susceptible de les aimer tous. Entre la danse classique, le hip-hop et la salsa, la différence est énorme, pourtant, à nous deux, nous serions capables de tout danser. Nous adorons ça !

mon semainier sportif type

Nous vous listons ici plusieurs types d'exercices. Libre à vous de répéter les séries trois, quatre ou cinq fois, selon vos objectifs. Nous vous laissons également le choix quant au nombre de répétitions et au temps de repos, car cela dépend surtout de ce que vous recherchez (prendre de la masse, vous affiner...).

LUNDI	**Abdos-fessiers à la maison** Allez, on commence la semaine motivé. Comme le lundi est déjà assez rude en lui-même avec la reprise des cours ou du travail, on se garde le luxe de faire la séance à la maison. Mais attention, donnez-vous à fond ! On prend son courage à deux mains et on commence par travailler les abdos et les fessiers.	**Exercices** • Planche • Donkey kicks • Relevés de jambes + push • Squats • Gainage du grimpeur • Fentes surélevées
MARDI	**Fessiers/bras** On a bien travaillé hier ! Les séances consacrées aux bras ne sont pas nos préférées mais, si on veut tonifier nos ailes de poulet, il faut aussi en passer par là. Le mardi, on se motive et on file à la salle de sport pour bénéficier de plus de matériel, et aussi demander des conseils aux coachs qui sont dans les parages !	**Exercices** • Presse • Extensions triceps avec haltères • Soulevés de terre • Biceps curl avec haltères • Levers de fessiers • Développé Arnold avec haltères
MERCREDI	**Cardio** Milieu de semaine, besoin de changement. On en profite pour faire un peu de cardio et ainsi complètement varier les exercices.	**Exercices** • Course à pied • Burpees • Jumping jack • Gainage du grimpeur • Vélo • Rameur

JEUDI	**Repos** Plutôt que d'aller faire du sport, on choisit de sortir avec les copains. On va boire un verre, manger un bout en ville ou voir le dernier film au cinéma.	
VENDREDI	**Fessiers/bras** Après une belle journée de repos, direction la salle de sport à nouveau, et on reprend le rythme avec une séance de bras et de fessiers. On se donne à fond, le week-end est bientôt là !	**Exercices** • Levers de fessiers • Rowing un bras • Soulevés de terre • Développé couché avec haltères • Presse • Tirage menton avec haltères
SAMEDI	**Abdos-fessiers** Dernière ligne droite. On finit en beauté avec ce qui nous plaît le plus et on se donne à fond ! Si, comme nous, vous avez des haltères à la maison, vous pourrez y effectuer cette séance, sinon, hop ! direction la salle de sport (bonne nouvelle, il y a moins de monde le samedi en général).	**Exercices** • Squats • Russian twist • Donkey kicks • Grimpeur • Fentes • Relevés de jambes + push
DIMANCHE	**Repos** On profite de son dimanche pour prendre l'air et découvrir de nouveaux paysages. Bien que nous n'allions pas à la salle de sport, on se promène : c'est aussi une activité physique à prendre en compte.	

les étirements

Inspire ! Expire !Quand on fait du sport, quel qu'il soit, il est primordial de s'étirer ! Nous le savons tous, mais le faisons-nous vraiment ?

Les étirements sont essentiels pour le bon fonctionnement des muscles. Ne pas le faire revient à laisser les muscles se raidir. Et nous n'avons pas du tout envie de devenir aussi raides que des barres de fer !

Nous avons appris grâce à Alex et P.-J., du Programme Déesse, qu'il était même préférable de s'étirer le matin avant le petit déjeuner. Les muscles sont plus réceptifs et, surtout, en pleine forme. En s'étirant ainsi, on optimise l'exercice et on peut aller plus loin.

Cela ne veut pas dire qu'il est interdit de s'étirer après une séance de sport. Dans ce cas-là, il est préférable d'y aller tout en douceur, sans chercher à forcer et en tenant les poses une trentaine de secondes, pas plus.

Et si, vraiment, vous aimez ça, n'hésitez pas à faire des sessions d'étirements en profondeur pour gagner en souplesse et en amplitude dans vos mouvements.

NOS ÉTIREMENTS PRÉFÉRÉS

1. Le dos (chat dos rond/dos creux)

2. L'arrière des cuisses (debout tête en bas)

3. L'intérieur des cuisses (assis, jambes écartées, buste à gauche ou à droite)

4. L'avant des cuisses (sur les genoux, une jambe pliée sous soi, l'autre tendue ou pliée dans le dos)

5. Les épaules (mains tendues dans le dos, extension)

6. Le cou (rotation de la tête)

*Le yoga
est également
un très bon moyen
pour s'étirer
en douceur.*

garder la forme au quotidien

Certaines personnes ne parviennent pas, malgré toute leur bonne volonté, à avoir une pratique sportive régulière. Comment alors rester en forme sans dédier du temps au sport dans sa journée ? Nous avons la solution !

10 ASTUCES POUR SE MUSCLER SANS FAIRE DE SPORT

Il existe de multiples astuces pour qu'une activité à la base non sportive s'apparente à un effort musculaire plus ou moins important.

1. On prend l'escalier, exit l'ascenseur.

À nous les mollets fermes et les fesses rebondies ! Nous le savons tous, les escaliers sont un très bon moyen de garder la forme. Que vous habitiez au premier ou quatrième étage, il n'y a pas d'excuse qui tienne. D'ailleurs, les escaliers sont aussi rapides que l'ascenseur si vous décidez de grimper les marches deux par deux. Faites le test !

2. On marche sur les petites distances.

Dites-vous que vous vous éviterez beaucoup de stress, puisque vous n'aurez plus à trouver une place de parking. Privilégiez la marche rapide à la marche tranquille. On enchaîne les pas à un rythme soutenu pour travailler ses muscles au maximum. Attention : on ne vous dit pas non plus de ne pas décoller les pieds du sol en tortillant des fesses ! On ne parle pas du sport de marche rapide, mais bien de marche à allure rapide –, nuance !

exit les
aspirateurs robots,
les femmes
de ménages

3. On fait le ménage.

Et, surtout, on n'oublie pas d'aller sous les meubles ! On se baisse, on fait travailler ses jambes et on aspire la moindre poussière dans tous les recoins. Hop ! on se relève et on se met sur la pointe des pieds pour faire le haut de cette étagère. Exit les aspirateurs robots. Exit aussi les femmes de ménage, ça va de soi !

4. On range ses produits de beauté sous le lavabo.

Testé et approuvé ! Lorsque Caroline vivait en Thaïlande, elle n'avait d'autre endroit pour ranger tous ses produits de beauté que sous le lavabo. Elle s'interdisait à l'époque de récupérer plusieurs produits à la fois, et voilà comment les séances de maquillage et de démaquillage se sont transformées en séances de squat !

5. On rit !

Parce que oui, rire fait énormément travailler les abdominaux ! Vous n'avez jamais ri à en avoir mal au ventre ? Quel plus beau moyen ? Nous le pratiquons à outrance ! Alors, ne vous contenez plus et riez aux éclats, personne ne vous le reprochera !

6. On fait la fête !

Depuis toujours, nous sommes de celles qui arrivent les premières sur la piste de danse et qui en sortent les dernières ! Si vous sortez, autant en profiter pour vous dépenser et vous éclater, vous aurez tout le temps en semaine pour discuter ! Et puis, sans parler sport, c'est quand même bien plus mémorable de passer sa soirée à se déchaîner sur la piste qu'à enquiller des verres sur les banquettes, non ?

7. On contracte le tout.

Il est très facile et très discret de contracter les fessiers par intermittence. Que ce soit sur sa chaise au bureau ou à l'école, ou bien même dans les transports, toute occasion est bonne à prendre. Le coup des feux rouges est notre favori. Le feu est rouge ? Hop ! on contracte le popotin. Le feu passe au vert ? Hop ! on relâche. Lorsque Caroline avait un scooter à Nice, elle passait son temps à faire ça !

Souvenir de nos soirées endiablées sur la promenade des anglais à Nice.

8. On se met sur la pointe des pieds.

Prenez par exemple une tâche ennuyeuse comme la vaisselle. On frotte cette casserole et, hop ! on se met sur la pointe des pieds. On passe au rinçage et, hop ! on redescend sur ses talons. Frottage : pointe ; rinçage : talons. Et on répète le processus jusqu'à ce que la vaisselle soit bien propre !

9. On se balade à vélo.

Il est assez courant aujourd'hui de pouvoir louer des vélos dans les grandes villes. Si ce n'est pas possible chez vous, vous pouvez en acquérir un, ou même une trottinette ou des rollers. Vous seriez étonné de la vitesse à laquelle on se rend d'un point A à un point B quand on n'est pas en voiture. Et puis, si vous êtes du genre ultramotivé, vous pouvez y ajouter l'astuce des feux rouges, ça sera tout bénef ! Courage !

10. On prend l'escalier (bis)

Encore une fois, préférez les escaliers aux escalators dans le métro. Vous éviterez ainsi la foule et vous gagnerez certainement quelques minutes. Si vous êtes moyennement motivé, vous pouvez aussi décider de marcher tout en prenant les escalators et, petit à petit, vous vous en détacherez. Enfin, cette demi-mesure ne fonctionne que si les personnes connaissent le principe du « je me mets à droite si je n'avance pas ». À Montréal, par exemple, c'est très courant mais, en France, il reste encore quelques efforts à faire !

notre routine beauté

A-t-on réellement une routine beauté ? On se dit souvent que non. Que l'on prend les produits comme ils arrivent et que l'on aime en changer. On se dit aussi que cela nous permet de découvrir et de tester d'autres produits.

Enfin, bref, nous ne sommes pas de celles qui utilisent tous les jours, toute l'année, les mêmes produits. Cependant, avec le temps, nous avons appris ce qui était bon pour nous. Nous avons appris à prendre soin de notre peau et de notre capital jeunesse. Parce que ce n'est pas tout de vouloir prendre soin de soi, encore faut-il savoir ce qui nous est adapté.

Tout est une question de connexion. Quelle routine, quel produit, quelle démarche sont adaptés à la personne que je suis, à ma vie, à ma peau ? Eh oui, il y a celles qui prennent du temps à l'ouvrage et celles qui ne peuvent pas se le permettre car elles sont trop occupées ailleurs. Ou encore celles qui n'ont pas envie de prendre ce temps...
C'est en raison de cette diversité d'options que nous avons décidé de vous livrer quelques-unes de nos astuces pour avoir une jolie peau, de beaux cheveux et des ongles impeccables. Ces petits secrets que nos amies, nos mères ou nos pages web préférées ont bien voulu partager avec nous.

→ De l'importance de l'alimentation

Avant tout, nous restons persuadées que ce qui se passe à l'intérieur de notre corps se reflète à l'extérieur. Et, si aucun produit n'est miraculeux, l'alimentation, elle, peut faire des miracles.
À l'origine, nous n'étions pas faits pour nous mettre un tas de crèmes sur le visage ou pour être maquillées. Mais l'évolution de la société a fait que le besoin s'est installé.
Cependant, nous oublions trop souvent de prendre soin de notre intérieur avant de prendre soin de notre extérieur. Cela passe évidemment par l'alimentation, mais aussi par le mental, comme nous l'avons évoqué précédemment, dans une recherche d'équilibre et de paix intérieure qui, croyez-nous, se reflètent sur notre visage, notre peau, nos cheveux...

Une bonne alimentation optimisera toujours notre aspect physique.

une belle peau

Nous cherchons tous à avoir une jolie peau. Les imperfections – boutons, points noirs ou même pores dilatés – nous font horreur ! Et nous rêvons de trouver le combo de produits parfaits pour avoir l'air un peu photoshopé, mais pas trop.

Dans les commentaires postés à la suite de nos vidéos, on nous demande souvent plus de conseils pour avoir une belle peau, si nous avons eu de l'acné, quelle est notre routine soin du moment, etc. Il ne nous est pas toujours facile de répondre, car nous avons toujours plus ou moins eu la chance d'avoir une jolie peau, même pendant notre adolescence. Ce qui nous conforte dans l'idée qu'une vie saine contribue largement à une jolie peau.

Et puis, ne nous voilons pas la face, le facteur génétique entre aussi largement en jeu !

Il existe quatre grands types de peau : sèche, normale, mixte ou grasse.

→ Une bonne hygiène de vie tu auras

On ne vous le dira jamais assez : l'eau est votre meilleure alliée. Boire deux litres d'eau par jour est le minimum conseillé. Outre ses bienfaits sur votre santé en général, l'eau reste le moyen le plus simple et le plus efficace pour hydrater votre peau. Elle est donc primordiale !

Nous vous recommandons également de rester loin du tabac. Et c'est sans doute parce que nous n'avons jamais été fumeuses que notre peau se porte si bien.

Côté alimentation, les produits laitiers peuvent avoir une assez mauvaise influence sur la peau. De même que les produits trop gras, à consommer donc avec modération.

→ Ton type de peau tu connaîtras

En fonction de votre type de peau, vous pouvez être sujet à certaines réactions. Aussi, il est important de connaître les « remèdes » adaptés pour vous sentir mieux.

COMMENT CONNAÎTRE SON TYPE DE PEAU ?

1. Les peaux sèches :

– vous ne remarquez aucune brillance sur votre visage, ni même sur la zone T (front, nez, menton) ;
– il vous arrive d'avoir des démangeaisons sur le tour du visage ;
– vous remarquez que votre peau est un peu rugueuse, pas complètement lisse ;
– vous avez l'impression que votre peau tire.

C'est le cas de Safia, par exemple. Elle s'est rendu compte de cela il y a quelques années : Caroline ne mettait pas de crème sur ses jambes tous les jours, mais elle si, pourtant ses jambes étaient bien moins hydratées que celles de Caroline. Puis elle a commencé à ressentir des démangeaisons sur la partie inférieure de ses joues et là, eurêka ! elle a compris qu'elle avait particulièrement besoin d'hydratation.

2. Les peaux « normales » :

– votre visage ne brille pas ;
– la peau de votre corps n'a pas besoin d'être hydratée tous les jours au risque de devenir un crocodile ;
– vous pouvez oublier votre crème le matin, votre maquillage ne vous gênera pas.

Quelle chance ! Avoir une peau de ce type signifie souvent qu'elle est « normale », c'est-à-dire qu'elle produit juste la bonne quantité de sébum et que c'est uniforme sur tout votre corps.
Bien entendu, cela ne veut pas dire qu'il ne faut pas en prendre soin.

3. Les peaux mixtes :

– sur les photos, vous remarquez que votre zone T brille ;
– il vous arrive aussi d'avoir des démangeaisons sur le tour du visage ou sur les joues.

La peau mixte est une peau qui ne sait pas trop vers où se diriger en apparence. Elle est à la fois grasse sur la zone T et sèche sur les joues. Il semblerait cependant que ce soit le type de peau le plus répandu.
Caroline a la peau mixte. Il n'est pas rare qu'elle doive aller se « repoudrer le museau » avant de tourner une vidéo, parce que son front a décidé de s'allumer comme un sapin de Noël.

1. Les peaux grasses :

– vous avez beau faire tout votre possible, vous êtes toujours la personne qui brille sur les photos ;
– vous ne supportez pas les textures de maquillages ou de soins trop riches (huile, baume...) ;
– parfois, vous préféreriez être une sportive professionnelle. Au moins on croirait que c'est à cause de l'effort que votre peau brille autant...

Avoir la peau grasse est peut-être ce qui semble le plus gênant, car cela se remarque davantage. Cependant, comme tout dérèglement, cela se corrige avec des produits adaptés.

	Démaquillage	**Nettoyage**	**Soins spécifiques**
Peau sèche	• Mousse démaquillante • Huile démaquillante • Lotion crème	• Savon doux • Gommage doux	• Sérum + baume • Crème à l'avocat, à l'huile de karité, au jojoba • Masque hydratant
Peau normale	• Eau micellaire • Lotion biphasée	• Eau micellaire • Eau + savon de Marseille	Sérum + crème
Peau mixte	• Mousse démaquillante • Gelée démaquillante	• Lotion tonique • Eau micellaire	• Fluide matifiant • Gelée hydratante
Peau grasse	• Eau micellaire • Eau démaquillante • Gel nettoyant	• Eau micellaire • Gommage • Masque	• Sérum + crème légère • Fluide matifiant

DES SOINS TU FERAS

Au-delà du fait qu'il faille utiliser des produits adaptés à sa peau, il est important de comprendre l'ordre d'application pour mettre toutes les chances de son côté.

1. Le démaquillage

Eh non, on ne fera rien de bien avec cette couche de maquillage sur le visage ! Cette étape est extrêmement importante et bien souvent négligée, surtout à l'adolescence. On rentre de soirée, il est tard (ou tôt, question de perspective), et deux options s'offrent à nous :

a) s'affaler sur son lit telle une loque humaine sans passer par la case démaquillage ;

b) prendre 5 minutes pour se démaquiller le visage avant d'aller dormir.

L'option b) a souvent été préférée mais, aujourd'hui, il n'est plus question de sortir faire la bringue sans préparer un paquet de lingettes démaquillantes sur la table de nuit (et aussi une bouteille d'eau, mais ça, c'est une autre histoire) !

2. Le nettoyage

Forcément, plus la peau est propre et plus elle sera réceptive aux soins qui lui seront accordés.

Cette étape doit être répétée matin ET soir. Et si vous faites du sport, il est recommandé de vous nettoyer la peau après chaque activité physique.

Le nettoyage est sûrement l'étape la plus méconnue, ou simplement négligée. Il est pourtant très important de bien nettoyer sa peau après l'avoir démaquillée afin d'éliminer les derniers résidus de maquillage.

Pour le matin, privilégiez une formule douce pour ne pas agresser votre peau dès le réveil ; réservez les gommages, exfoliants et autres textures plus agressives pour le soir.

3. Les soins spécifiques

Il existe tous types de soins : les crèmes de jour, de nuit, les sérums, les masques, les contours pour les yeux, pour les mains, pour les pieds... Bref, toute une panoplie dans laquelle on se perd souvent !

Caroline se souvient d'ailleurs que, même jeune, Safia a toujours été « madame crème ».

PETIT RÉCAP' DES SOINS :

1. Masque

Il nourrit votre peau en profondeur. Vous pouvez appliquer un masque une à deux fois par semaine. Les peaux sèches privilégieront les soins très hydratants, tandis que les peaux plus grasses préféreront des masques asséchants.

2. Sérum

Il ne s'utilise jamais seul. Il s'applique en tapotant légèrement au doigt juste avant la crème hydratante, matin et soir. Quelques gouttes suffisent, car les sérums sont des actifs très concentrés.

3. Gommage

Il vous permet de lisser votre peau en éliminant les cellules mortes. L'application d'un gommage ne doit pas être trop agressive, vous devez y aller doucement, à l'aide de massages doux et circulaires. Optez pour un gommage par semaine, voire deux si votre peau est très grasse.
Vous connaissez peut-être cette sensation étrange sur le visage, l'impression qu'il n'est pas vraiment propre, qu'il a besoin d'un coup de fouet ? Les gommages permettent d'éviter ça.
Appliqué une à deux fois par semaine (bon, Safia le fait plutôt une à deux fois toutes les deux semaines, mais ça, c'est son côté « on verra demain »), votre peau sera douce et propre.

Quelques avantages du gommage

- *Nettoie en profondeur.*
- *Évite de briller.*
- *Extrait les points noirs et autres imperfections.*
- *Donne de l'éclat à la peau.*

Bien nettoyer sa peau est très important pour la bonne assimilation des produits que l'on applique ensuite. Rien ne sert de mettre des crèmes sur une peau qui n'est pas propre, celle-ci ne pénétrera pas comme il faut et les actifs n'agiront pas correctement.
Évidemment, les gommages pour le corps sont différents des gommages pour le visage. En général, on utilise des produits plus abrasifs sur le corps, la peau du visage étant beaucoup plus fine et réactive. Il est important d'utiliser des produits adaptés à chaque zone.
Trop souvent négligé, le gommage du corps permet d'avoir une peau plus douce et, surtout, d'éviter d'avoir des poils sous la peau là où on s'épile (ou se rase).

4. Crème

Elle vient finaliser le rituel des soins. Votre collection de crèmes évolue avec votre type de peau, votre âge, mais aussi en fonction des saisons. Les crèmes sont à appliquer matin et soir, voire plusieurs fois par jour si vous en ressentez le besoin.

les "tips" des copines

1.

L'exfoliation avant le masque :
cela favorise la pénétration des actifs du masque,
donc son efficacité !

2.

Les démaquillants avec une phase huileuse
sont plus doux et beaucoup plus efficaces
pour éliminer les impuretés.
Eh oui, c'est gras, mais c'est propre !

3.

Démaquillage : tout doux ! Mieux vaut tapoter
le coton et ne pas essuyer comme une folle,
parce que ça fait du mal à la peau et ça risque de l'irriter.

4.

Le contour de l'œil est de loin la zone où la peau
est la plus fine : il faut en prendre grand soin !

5.

Pour appliquer votre soin du contour de l'œil,
vous pouvez soit tapoter délicatement de l'intérieur
vers l'extérieur, soit faire des petits cercles.
Cela favorisera la pénétration des actifs.

NOS PRODUITS PRÉFÉRÉS

POUR SAFIA…

→ Le beurre corporel

Quel que soit le moment de l'année, Safia a la peau sèche. Ce n'est pas faute de s'hydrater en buvant, c'est tout simplement un fait. Et, quand on a la peau sèche, les produits très riches sont ce qu'il y a de mieux, notamment les beurres corporels, qui sont ultranourrissants. Non gras, ils pénètrent rapidement et leurs odeurs sont variées.

De nombreuses marques de cosmétiques proposent des beurres corporels, souvent vendus en pot (ils sont impossibles à utiliser en tube, car ils sont plutôt épais).

L'idéal est de s'en appliquer tous les jours après la douche, afin d'optimiser le niveau d'hydratation et de conserver une peau belle en bonne santé.

→ L'eau micellaire

Il n'y a pas un jour sans que Safia n'utilise d'eau micellaire (ou eau tonique), en général le matin avant de se maquiller.

Les eaux micellaires permettent de nettoyer la peau en douceur afin de démarrer la journée sur de bonnes bases. Cette sensation de fraîcheur sur le visage est absolument exquise et permet de se sentir propre sans avoir recours aux gommages ou autres nettoyants parfois plus abrasifs.

Cependant, il ne faut pas en abuser, car, à trop vouloir nettoyer, on risque de produire l'effet inverse (surhydratation – peau grasse – ou déshydratation – peau sèche) et de dérégler le sébum de la peau, ce film gras produit naturellement par notre peau et qui évite qu'elle soit déshydratée.

→ Le bicarbonate de soude (ou de sodium)

De tous les produits qu'elle a testés, les préférés de Safia restent incontestablement les produits naturels ! Elle est persuadée que si la nature nous donne de quoi prendre soin de nous c'est que cela nous correspond. En effet, tout se trouve déjà dans la nature et si on a la chance de trouver ces merveilles et de les tester alors, il y a de grandes chances qu'on les adopte. C'est aussi une question d'éthique dans la mesure où ces substances sont produites correctement et dans le respect de cette nature.

Le bicarbonate de soude fait partie des découvertes et adoptions de Safia. À la fois agent blanchissant et antitranspirant naturel, le bicarbonate de soude est un allié idéal de votre salle de bains. Ce produit se trouve dans tous les supermarchés au rayon sel ou produits ménagers.

Pour des dents blanches :
On croit souvent, à tort, qu'il faut passer par des procédés « chimiques » pour avoir des dents plus blanches. Parce que, oui, on souhaite tous avoir de jolies dents blanches, c'est naturel. Dans son processus de consommation plus responsable, Safia s'est penché sur l'effet blanchissant du bicarbonate de soude et en est plutôt satisfaite.

1. Cela ne fait aucun mal à vos dents

2. Ce n'est pas contraignant

3. C'est naturel

4. Aucun mauvais goût !

En traitement, 2 à 3 fois par semaine : après vous être brossé les dents, saupoudrez une petite quantité de bicarbonate sur votre brosse à dents mouillée et brossez-vous à nouveau les dents avec.
En soin 1 à 2 fois par mois : Préparez une pâte en mélangeant du bicarbonate et un peu d'eau. Appliquez cette pâte sur vos dents pendant 10 à 15 minutes, puis retirez.
Le soin est plus rapidement efficace que le traitement, à vous de voir comment vous souhaitez procéder. N'oubliez pas de prendre vos dents en photo avant et après pour voir votre évolution.

Pour des aisselles saines :
Quand on s'intéresse à l'écologie, on se rend vite compte qu'il existe peu de solutions antitranspirantes tout à fait propres et respectueuses de l'environnement de notre corps. Il s'est même avéré que la pierre d'alun, en laquelle on croyait fort, était un produit toxique pour notre corps. Le bicarbonate de soude est, quant à lui, un super-antitranspirant naturel, super-puissant et super "friendly" avec tout le monde.
Appliqué tous les matins – on avoue, ce n'est pas aussi pratique que d'appliquer un antitranspirant classique – ce produit régule votre transpiration naturellement et vous laisse des aisselles saines et en bonne santé.
Adieu composants peu recommandables, adieu bouteilles ultra-polluantes et bonjour les aisselles toutes douces et jolies !

POUR CAROLINE...

→ Le gel douche surgras

Caroline a toujours eu des problèmes de sécheresse au niveau des bras et des mollets. Pour la combattre, elle utilise quotidiennement des gels douches surgras ou des textures huileuses.
Avant d'hydrater votre peau, il est important de la nettoyer avec des produits adaptés à sa nature.

→ L'huile démaquillante

De toutes les techniques de démaquillage (lait, eau micellaire, lingettes, etc.), l'huile est sans hésiter celle qui est la plus efficace pour Caroline. Ce n'est certes pas la plus pratique si l'on veut faire fissa avant d'aller dormir, car on a tendance à en mettre un peu partout... Elle n'est pas non plus des plus glamour au moment de l'application, on vous l'accorde. Mais elle fait son job !

→ Le lait après-soleil

S'il y a bien un soin parmi tous que Caroline n'oublie jamais, c'est l'hydratation après être restée longtemps au soleil. Non seulement parce que les laits après-soleil permettent de prolonger le bronzage en hydratant la peau, mais surtout pour leurs odeurs et leurs textures toujours divines.

UNE JOLIE PEAU AU NATUREL

La nature nous offre des produits qui suffisent à faire de notre peau la plus jolie de toutes. Et ce sont souvent des composants que les marques de cosmétiques utilisent dans leurs produits finis.
À notre tour, nous pouvons les utiliser purs pour en faire des soins adaptés – et dont nous serons fières, c'est sûr.
Bien entendu, il est recommandé d'utiliser des matières premières de qualité.

→ L'huile d'argan

L'huile d'argan est naturellement adaptée à l'hydratation des cellules de notre peau.
Non grasse la plupart du temps, aucun film brillant et gras ne reste sur la peau au moment où elle y pénètre. Ah, quelle bonne nouvelle !
Et puis l'huile d'argan a une odeur qui ne laisse personne indifférent. Elle fait voyager ! Notre esprit s'envole vers le Maroc et ses champs d'arganiers !
Cette huile vient à 90 % du Maroc. Il en existe de toutes les qualités. Aussi, il est important de faire attention à en acheter une pure et non coupée avec une autre huile, par exemple. Avec une huile d'argan pure et bio de préférence, on

peut obtenir un sérum ou une crème, ou tout autre soin d'une grande qualité nutritive et hydratante. Mais attention : il y a autant d'huiles d'argan différentes que de sac Chanel – vrais ou contrefaits !
L'extraction et la confection de cette huile coûtent très cher, c'est pourquoi il n'est pas rare de trouver de l'huile d'argan coupée avec d'autres huiles meilleur marché. C'est ainsi que l'on nous vend des produits de moins bonne qualité à des prix certes moins élevés, mais toujours beaucoup trop pour ce que c'est. Finalement, on peut se référer aux labels et autres indices de contrôle et, bien entendu, le prix est aussi un indice, car vous ne trouverez jamais une bouteille d'huile d'argan à 5 euros, par exemple.

L'huile d'argan n'est pas la seule huile ayant des bienfaits pour notre peau. Les huiles de jojoba, d'olive, de carotte..., toutes ont leur mot à dire en fonction de nos besoins.

les avantages de l'huile d'argan

1. Elle hydrate.

2. Elle participe au renouvellement des cellules grâce à la vitamine E qu'elle contient.

3. Elle favorise la cicatrisation des boutons.

4. Son odeur est raffinée.

→ Le café

Si vous êtes amateur de café, nous ne pouvons que vous conseiller de récupérer le marc de votre café – la substance que vous récupérez dans le filtre de la cafetière après avoir fait du café – afin de vous en faire un gommage. Les grains moulus sont parfaitement adaptés à notre peau et la caféine contenue dans le marc aide à la régénération des cellules.

Ainsi, nous sommes à la fois dans une démarche de beauté et de recyclage des déchets. Jackpot !

le marc de café

1.

Ultra-économique (encore plus, bien entendu, pour ceux qui consomment déjà du café).

2.

Permet de lutter contre la cellulite et la peau d'orange. À nous les jambes lisses et fermes !

3.

Préserve la jeunesse de la peau grâce aux antioxydants qu'il contient et qui agissent sur le derme.

4.

Possède un grand pouvoir exfoliant.

→ Le sucre

Tout comme le café, le sucre est idéal pour exfolier le corps. Préférez le sucre roux (de canne) qui est, par définition, plus écologique que le sucre blanc (de betterave).

→ Le miel

Le miel est l'un des produits naturels les plus intéressants du point de vue de l'hydratation. Il a aussi des vertus antiseptiques, car il aide les cellules à se régénérer et empêche les bactéries de se développer. Il est d'ailleurs recommandé pour la cicatrisation des plaies.

→ L'argile

Il existe plusieurs types d'argile. L'argile verte, en masque, permet de nettoyer, de cicatriser (ce qui est une excellente nouvelle pour ceux qui ont des boutons d'acné, par exemple) et d'adoucir la peau en absorbant les toxines.

De manière générale, l'argile peut se trouver en magasins bio, dans les herboristeries et dans quelques grandes surfaces (attention, toujours, à la qualité).

RECETTES MAISON

→ Exfoliant anticellulite

Cette recette est on ne peut plus simple, car vous n'aurez besoin que de deux ingrédients !

Mélangez une cuillerée à café d'huile d'olive et une cuillerée à soupe de marc de café et, hop ! vous avez votre exfoliant super écolo !

Application : frottez votre gommage en pinçant légèrement vos cuisses de bas en haut. Faites votre possible pour essayer de reproduire le mouvement du palper-rouler. Le massage est vraiment très important pour faire pénétrer le produit et tonifier la peau.

Vous pouvez appliquer ce gommage quotidiennement sous la douche sans aucune inquiétude pour vos canalisations, car le marc de café se dissout très facilement !

→ Masque visage ultra nourrissant

Pour ce masque, vous aurez besoin d'une banane, d'un avocat – ces deux ingrédients ont des qualités nutritives fabuleuses – et d'une cuillerée à soupe de miel.

C'est très simple : vous écrasez la banane et l'avocat ensemble, vous mélangez jusqu'à obtenir une pâte vraiment homogène, et vous ajoutez le miel et vous appliquez la mixture. Vous laissez agir une dizaine de minutes, puis vous retirez simplement.

Grâce à ce masque, votre peau sera hydratée, souple et protégée pour un moment ! N'hésitez pas à répéter l'opération régulièrement. Et puis, en plus d'être nourrissant pour votre peau, ce masque peut être l'occasion de consommer une banane et un avocat un peu trop mûrs pour être mangés. Idéal pour l'écologie !

N.B. : n'oubliez jamais qu'après avoir mouillé votre visage, il est important de le tapoter doucement avec la serviette pour le sécher plutôt que de frotter.

------------ de beaux cheveux

Ah, les cheveux ! Notre pouvoir de séduction préféré ! On adore tous nos cheveux, on a envie qu'ils soient toujours resplendissants, bien coiffés, nourris et brillants. Surtout que l'on dit qu'un* bad hair day *peut ruiner sa confiance en soi, et une journée, alors autant faire en sorte que ça n'arrive pas…

Cependant, il est parfois difficile de trouver le bon produit pour nos cheveux, en fonction de leur nature ou des « tortures » qu'on leur fait subir (on adore peut-être les lisseurs et autres fers à boucler, mais nos cheveux… pas sûr).
Bref, beaucoup de facteurs entrent en jeu.

Notamment, encore une fois, il y a le facteur génétique qui joue. Vous aurez beau appliquer tous les shampoings et soins du monde, si la nature de vos cheveux n'est pas la même que celle de votre voisine, vous n'aurez jamais les mêmes cheveux qu'elle : logique !
Il n'y a qu'à nous regarder toutes les deux : Safia a des cheveux fins mais forts, brillants et bouclés, tandis que Caroline a les cheveux fins, fragiles et ondulés : merci *mother nature* ! Quoi que nous fassions, nous n'aurons jamais la même texture et devons adapter nos routines en fonction de nos besoins capillaires. Le coup de cœur de l'une peut s'avérer un vrai flop pour l'autre.

LES RÈGLES DE BASE

1. Ne pas trop les laver

Combien de filles se lavent les cheveux tous les jours ? Beaucoup trop !
Dans un idéal pas forcément atteignable, on devrait se laver les cheveux une fois par semaine ! UNE FOIS PAR SEMAINE ?! OK, on vous l'accorde, ce n'est pas beaucoup, surtout si l'on vit dans la pollution et le stress des grandes villes. Alors, disons deux shampoings par semaine, et on essaie de s'y tenir.

Trop sollicité, le cheveu ne peut pas être au mieux de sa forme. Et cela vaut aussi pour les cheveux gras. Une espèce de cercle vicieux veut que, plus on lave ses cheveux gras, plus ils sont gras… Alors, on prend son mal en patience et on tente d'espacer les shampoings pour laisser aux cheveux un peu de liberté.
De notre côté, nous nous lavons les cheveux deux fois par semaine. Ça n'a pas toujours été le cas mais, depuis que nous avons pris le rythme, ils se portent à merveille !

2. Les brosser

Safia ne se brosse jamais les cheveux entre les shampoings. Quand on a des ondulations et que l'on souhaite les conserver, on a tendance à ne pas vouloir se brosser/démêler pour ne pas casser la forme. Cependant, si des nœuds se forment (dans la nuque, par exemple), ils seront difficiles à défaire lors du shampoing et on risque de casser les cheveux !
Safia a donc trouvé deux astuces : humidifier la zone du nœud à l'aide d'un vaporisateur et démêler doucement. En séchant, les cheveux reprendront leur forme naturelle.

La bonne brosse
Les brosses en bois arrachent beaucoup moins de cheveux, car elles sont plus douces que les brosses en plastique. Caroline a longtemps utilisé les brosses rondes à brushing, mais elle a fini par ne plus pouvoir les voir en peinture ! Elle ne jure plus maintenant que par les brosses en bambou ou en plastique (type Tangle Teezer).

3. Les protéger

Les cheveux, c'est comme tout : il faut les protéger ! Tout comme votre peau, vos cheveux sont agressés quotidiennement – fers à lisser/boucler, soleil, pollution… – et il est important de leur donner les bonnes armes pour se défendre. C'est pourquoi il ne faut pas hésiter à faire des soins pour chouchouter et optimiser votre capital séduction numéro 1 !
Pour protéger vos cheveux de la chaleur, – leur pire ennemie –, appliquez-leur un spray ou une crème protectrice.

4. Les nourrir

Avec les bons produits ! C'est à-dire des produits adaptés à votre nature de cheveux ! Ce n'est pas parce que votre meilleure amie ou votre sœur/frère utilise ce produit, qu'il est bon pour vous.
Nous vous recommandons d'appliquer votre shampoing en deux temps : une fois pour nettoyer en profondeur, et une autre pour bien faire agir le produit de soin, que vous pouvez appliquer à chaque shampoing.

le rituel de caro

1.

Shampoing (× 2).

2.

Masque à laisser poser 10 minutes.

3.

Soin sans rinçage.

4.

Soin protecteur de chaleur (si chaleur il y a ensuite).

5.

Huile nourrissante.

le rituel de safia

1.

Shampoing (× 2).

2.

Masque.

Et c'est tout ! Safia est de ceux dont la devise Less is more *fonctionne à merveille.*
Comme elle n'utilise jamais de chaleur sur ses cheveux, qu'ils sont naturellement en bonne santé, elle ne voit pas l'intérêt de les sur-solliciter avec des produits hydratants, protecteurs, lissants ou autres. Elle a essayé à plusieurs reprises les huiles nourrissantes et les masques, mais ils n'ont jamais eu d'effets intéressants sur ses cheveux. Aussi s'est-elle (agréablement) fait une raison : elle n'a besoin de presque rien.

5. Les laisser tranquilles (un peu)

Difficile ? Bizarre ? Farfelu ? Nos cheveux ont besoin qu'on les laisse respirer de temps en temps. Tout comme il est assez courant de passer une journée sans maquillage afin de laisser la peau se reposer, il est important de faire de même pour les cheveux ! Essayez un jour sans produits, sans machine chauffante, sans élastique... Ces petits gestes leur feront beaucoup de bien et les rendront encore plus jolis et en bonne santé !

ASTUCES POUR DISCIPLINER LES CHEVEUX SANS CHALEUR (DONC SANS AGRESSION)

1. Les bigoudis

On imagine déjà vos têtes en lisant ce mot. Non, les bigoudis ne sont pas réservés qu'aux mamies ! Un tas de filles en utilisent pour se boucler les cheveux. Il en existe de toutes formes et toutes tailles : des ronds, des longs, des qui se tordent... Essayez toutes les techniques pour connaître celle qui vous convient le mieux !

En général, on les applique sur cheveux humides – pas complètement mouillés, sinon ils ne sèchent pas – et on les laisse poser toute la nuit. Les bigoudis ronds ne sont pas agréables pour dormir, mais ceux qui se tordent dans tous les sens ne posent pas de problème !

2. Le headband

Au départ, le headband servait à se faire des coiffures sympas, mais saviez-vous qu'il vous permet également de donner une jolie ondulation à vos cheveux ? En effet, si vous entortillez vos mèches encore humides autour de votre headband avant d'aller vous coucher (ou avant d'aller travailler d'ailleurs, vous faites bien ce que vous voulez), vous vous retrouverez avec de jolies ondulations naturelles une fois le headband retiré.

3. Les tresses

Selon la boucle que vous recherchez, vous pouvez opter pour différentes formes de tresses : africaine, épi de blé, plate, etc. Le rendu ne sera jamais le même ! On l'oublie souvent, mais c'est une façon très simple – et plus ou moins rapide – d'avoir de belles ondulations avec un rendu naturel.

4. Le kardoune

Le kardoune est un long ruban d'environ 1,50 m. Lorsque Caroline demandait à sa grand-mère de lui faire un brushing, cette dernière lui enroulait les cheveux encore humides dans un kardoune. Cette technique, venue du Maghreb, permet de lisser les cheveux, ou du moins de ne pas les laisser onduler, tellement le kardoune est serré.

1

2

MASQUE POUR AVOIR DE BEAUX CHEVEUX

Les masques doivent être appliqués sur cheveux mouillés pour permettre aux ingrédients de mieux pénétrer dans la fibre capillaire et ainsi avoir un meilleur effet. Et plus le temps de pause est long, mieux c'est !
On vous recommande de bien recouvrir vos cheveux après l'application d'un masque à l'aide d'un bonnet de douche ou… d'un collant ! Une copine de lycée dormait toujours avec un collant sur la tête pour faire pénétrer ses masques capillaires, et elle avait de superbes cheveux. À oublier en revanche si vous avez un chéri, parce que, moins sexy, y'a pas !

→ Pour cheveux secs

Il ne faut parfois vraiment pas grand-chose pour avoir des cheveux en pleine santé. Vous aurez besoin d'un ou deux jaunes d'œufs (en fonction de votre longueur de cheveux) et d'une cuillerée à soupe d'huile d'olive. C'est tout !
Mélangez le tout et appliquez sur l'ensemble de votre chevelure, en évitant les racines (cela risquerait de les graisser, ce qui n'est pas le but recherché).
Laissez agir 10 minutes, puis lavez-vous les cheveux avec un shampoing doux (type shampoing pour bébé). Rincez abondamment.
Veillez à bien appliquer le masque sur des cheveux secs afin que la fibre capillaire soit ouverte et réceptive.

→ Pour cheveux gras

Comme pour la peau, l'argile est un excellent allié pour combattre la production de sébum des cheveux !
Pour réaliser un masque capillaire à l'argile, vous aurez simplement besoin de mélanger trois cuillerées à soupe d'argile avec un peu d'eau chaude afin de former une pâte. Laissez ensuite refroidir votre préparation avant de l'appliquer mèche à mèche sur l'ensemble de vos racines. Comptez une trentaine de minutes de pose, puis lavez vos cheveux comme vous le faites habituellement !
Pour de meilleurs résultats, vous pouvez réaliser ce masque une fois par semaine.

→ Accélérer la pousse des cheveux

Nous, les filles, c'est bien connu, changeons d'avis toutes les trente secondes et avons tendance à ne pas avoir beaucoup de patience ! Qui ne s'est jamais coupé les cheveux sur un coup de tête pour le regretter une semaine après ?
On vous présente ici les remèdes testés et approuvés et ce qu'il faut éviter pour avoir les cheveux de Raiponce.

À FAIRE

→ Masser le cuir chevelu

À chacun de ses lavages, Caroline prend 5 minutes pour se masser délicatement le cuir chevelu. Il s'agit de décoller les racines pour activer la circulation sanguine. Massez-vous de manière circulaire avec le bout de vos doigts.

→ Couper les pointes

Il y a cette histoire de grand-mère qui dit qu'en coupant ses cheveux à la pleine lune, ils repousseront plus forts, plus brillants et plus longs. Aucune preuve scientifique n'a encore vu le jour, mais si cela peut vous convaincre de couper (un peu) vos jolis cheveux, alors allez-y !

Effectivement, il arrive un moment où, quoi que l'on fasse, les pointes de nos cheveux s'abîment. Elles en viennent même parfois à se dédoubler et à faire des fourches ! Quelle horreur !

Cependant, ne faites surtout pas comme Caroline, qui, au lycée, à ses heures perdues, coupait ses fourches aux ciseaux… Elle prétend aujourd'hui que, si ses cheveux poussent lentement, c'est parce qu'elle se serait fait « maraboutée » des cheveux lors d'un voyage, mais ses expériences répétées de coiffeuse amatrice n'ont pas dû leur faire de bien non plus.

Alors pourquoi se couper les cheveux les fait pousser ? Tout simplement parce qu'ils ne se cassent plus. Les cheveux ne pousseront pas plus à la racine parce que vous les coupez aux pointes, mais ils ne se casseront plus sur les longueurs et seront donc ainsi plus longs !

→ Les bains d'huiles

Vous n'avez pas le temps pour un masque maison ? Pas de problème, il vous suffit de laisser poser des huiles sur vos cheveux toute une nuit pour les nourrir en profondeur. Les deux chouchoutes de Caroline sont les huiles de coco et de ricin.

À ÉVITER

→ Les cures miracles

Elles auront beau vanter tous les mérites de la terre, nous ne croyons pas beaucoup aux cures miracles accélérant la pousse des cheveux. Il en va de même pour les comprimés à la levure de bière.
Caroline en a pris pendant longtemps, jusqu'à ce qu'elle réalise que le seul effet visible, c'était son ventre gonflé !

Les couleurs à répétition

→ Vous le savez sans doute, mais cela ne vous empêchera pas d'en faire (et nous non plus d'ailleurs) ! Cependant, sachez qu'il est tout à fait possible de demander à votre coiffeur de n'appliquer votre couleur qu'aux racines. C'est ce que fait Caroline car, à raison d'une couleur par mois, ses cheveux seraient sinon ruinés. Elle prend donc soin d'appliquer la coloration à l'aide d'un pinceau, uniquement sur les cheveux à colorer et pas sur ceux qui le sont déjà. Cela lui permet au moins de « limiter les dégâts ».

→ Les élastiques

Eh oui ! Les élastiques sont les ennemis de vos cheveux. Ils les resserrent, les tordent et les maltraitent tant qu'ils peuvent. D'autant plus ceux qui disposent d'une attache en fer, mais ils se font de moins en moins maintenant. Ainsi, restez le plus loin possible des élastiques qui vous arrachent des cheveux à chacun de leur retrait, si vous voulez que vos cheveux ne se cassent pas.
Si nous étions encore dans les années disco, nous pourrions vous suggérer de préférer les chouchous, mais, en 2016, ce serait un peu exagéré ! Quoi que, ce n'est pas dit qu'ils ne refassent pas surface d'ici quelques années.

→ La chaleur

Qu'on se le dise, les cheveux les plus abîmés sont souvent ceux que l'on « maltraite » au fer à boucler/lisser/gaufrer et autres machines procurant de la chaleur. Certes, ces outils vous font de beaux cheveux disciplinés dans l'instant, mais, sur le long terme, à force d'être « brûlés » régulièrement, vos cheveux s'abîment et deviennent secs. Ainsi, Caroline, par exemple, qui adore son fer à lisser, apprend à ne pas le sur-utiliser.
L'idéal est donc de n'employer ces outils qu'une fois par semaine, en veillant à bien placer un protecteur de chaleur.

nos flops cheveux

Attention, dossiers ! Eh oui, nous avons eu des périodes plus ou moins glorieuses avec nos cheveux, mais non, nous n'en avons pas honte, cela fait partie de notre histoire.

LES DÉBOIRES DE SAFIA

1. Les cheveux courts

Quelle idée ! Safia devait avoir 14 ans, un visage bien rond et une assurance plus ou moins certaine. Quand, tout à coup, elle a tout coupé ! Quelle idée ! Elle se rappelle très bien cet été, en vacances à La Rochelle, son envie soudaine de changement. Quelques minutes plus tard, exit ses longs cheveux ! Comme toujours, elle s'y est faite, croyant que ça finirait par lui aller.
L'histoire ne dit pas si le pire était d'avoir coupé ses cheveux si courts, alors que son visage ne s'y prêtait pas ou d'avoir dû subir, au retour de vacances, le regard atterré de sa copine Réjane en voyant sa nouvelle tête.
Finalement, le pire fut peut-être la repousse, les cheveux trop longs. Obligée de faire des « pics » sur l'arrière du crâne (c'était tendance, ne lui jetez pas la pierre) et de supporter la longueur Jeanne d'Arc avant, enfin, de retrouver une longueur qui lui aille.

2. Le blond

Ou, plutôt, le roux/blond/vert/on ne sait pas trop. Safia avait 18 ans, une copine en CAP coiffure et des envies de différence.
Tout a commencé quand elle a voulu devenir rousse. Elle avait vu ça dans un film et le roux lui paraissait très « différent », très « assumé ». Alors, ni une ni deux, elle confie ses cheveux à sa copine, mais elle n'a jamais eu le roux dont elle rêvait. Du vert ? Ça oui, elle a eu. Une décoloration mal passée et des cheveux verts vous aurez ! Et puis elle a fini par avoir un roux/blond absolument pas ressemblant à ce qu'elle voulait au départ.
Encore une fois, elle s'y est faite. Elle a même fini par bien aimer. Mais, entre nous, elle n'est toujours pas très à l'aise avec les photos de cette époque.
Cet épisode aurait-il donné une leçon à Safia ? Eh bien non ! Quelques mois plus tard, redevenue châtain, Safia s'est mis en tête de se faire un « balayage ». Caroline lui a alors conseillé sa coiffeuse, qui était aussi celle de sa grand-mère, dont le salon de coiffure était sa cuisine, au 11e étage de son H.L.M. Et ce qui devait arriver arriva : autant cette coiffeuse faisait un travail remarquable sur Caroline (bon, elle ne lui demandait qu'une couleur), autant elle a complètement raté Safia, qui s'est retrouvée avec des mèches blondes du type « y'a des oiseaux qui ont fait leurs besoins sur ma tête » !

On vous avait prévenu !

3. Le sèche-cheveux

Nous sommes en été 2015, le jour du tournage de notre clip *Qu'On S'en Aille*. Safia, qui a les cheveux longs, doit se laver les cheveux. OK. Sauf que, pour tourner, ils doivent être secs et à leur maximum. Pas de problème, il y a un sèche-cheveux ! Safia n'utilise jamais ces engins, mais il va bien falloir s'y coller, c'est pour la bonne cause. Elle sait que pour optimiser l'effet du sèche-cheveux, il faut qu'elle penche la tête en avant pendant le séchage. Et là, horreur, malheur, les cheveux se coincent dans la ventilation du sèche-cheveux (vous savez, à l'arrière, au niveau des trous) ! La voilà littéralement accrochée au sèche-cheveux...

Caroline rigole, puis file chercher des ciseaux. Des ciseaux ?! Safia profite de l'absence de sa copine pour essayer de se dépêtrer de ce (fichu) engin. Elle y arrive juste avant l'arrivée de (la diabolique) Caroline et son (horrible) couteau (de cuisine). On a frôlé le drame !

LES DÉBOIRES DE CAROLINE

1. Le chewing-gum

Malgré les nombreuses recommandations de sa mère, Caroline avait trouvé le moyen de s'endormir avec un gros Malabar® dans la bouche (elle avait pour habitude, le soir, de lire ses *Chair de Poule* en mâchant).

S'endormir avec un chewing-gum est non seulement TRÈS dangereux, car on peut s'étouffer avec, mais, de plus, il est fort probable que le chewing-gum fasse sa vie pendant la nuit et aille se nicher dans une touffe de cheveux !

Et cette seconde option n'a pas manqué d'arriver ! Au réveil, Caroline s'est retrouvée avec un énorme nœud causé par le chewing-gum. Seule solution pour que sa mère ne le remarque pas : un gros coup de ciseaux !

On ne vous raconte pas la coupe qu'elle a dû supporter pendant un bon mois avant de pouvoir les égaliser à nouveau !

Avec Safia, lors de notre voyage à Londres en classe de seconde.

2. Les cheveux violets

Elle devait avoir 15 ans environ, c'est d'ailleurs l'année où elles se sont rencontrées avec Safia. En plein dans sa période « gothique », Caroline n'avait rien trouvé de mieux que de teindre ses cheveux d'une couleur violine assez foncée.

Non seulement cette lubie lui a pris en hiver (donc adieu beau bronzage, bonjour tête de cadavre), mais, en plus, elle avait une sacrée longueur ! Du coup, elle avait plus un air de Mercredi dans *La Famille Addams* que d'autre chose... À l'époque, elle aimait bien le rendu mais, aujourd'hui, lorsqu'elle revoit des photos de cette période, elle aimerait bien se coller une bonne raclée !

3. Le lissage japonais

Caroline a toujours détesté les boucles de ses cheveux. Du coup, elle a profité de son séjour en Thaïlande pour passer par la case coiffeur et demander un lissage japonais, dont l'unique but est de raidir toute la fibre capillaire.

Le problème, c'est qu'elle n'a pas trouvé de meilleur jour pour le faire que juste avant de partir en bateau sillonner les îles paradisiaques. Et la règle, quand on fait un lissage japonais, est de ne pas, sous aucun prétexte, se mouiller les cheveux dans les 72 heures qui suivent. Voilà donc comment la découverte des plus belles plages de Thaïlande s'est transformée en une lutte contre les jets d'eau émis par le bateau, ainsi que la torture de ne pas pouvoir se baigner par 40° C à l'ombre sur la plage de Maya Bay !

Au final, Caroline était plutôt satisfaite du lissage, mais elle sait bien aujourd'hui que, si ses cheveux ont tellement de mal à pousser, c'est sûrement à cause de toutes les maltraitances qu'elle leur a fait subir.

En bref, les cheveux, c'est ça : on les aime, on les déteste, on les soigne, on les maltraite et, finalement, on apprend à vivre avec, parce que, oui, ils sont notre plus bel atout de séduction !

de beaux ongles

Nos ongles sont sans doute ceux qui nous posent le moins de problèmes et nous demandent le moins d'entretien.

Les ongles de Caroline ont toujours poussé à la vitesse de l'éclair. Elle se rappelle d'ailleurs que, pendant ses années de piano, elle détestait par-dessus tout que son professeur lui impose de se couper les ongles. Eh oui, jouer du piano avec les ongles longs, c'est mission impossible ! Et, rebelote, quand elle a décidé de remplacer le piano par la guitare électrique !

C'est pourquoi, quand Caroline a fini le lycée et arrêté la musique, ses ongles avaient une belle revanche à prendre sur la vie. Sa décision a été rapide et sans appel : elle allait les laisser pousser !
Caroline a ensuite passé ses cinq années d'études supérieures à appliquer du gel sur ses ongles. À l'époque (on dirait qu'on a 1 000 ans !), c'était la « mode » de la French manucure et elle s'est constitué une collection digne d'une esthéticienne. Elle avait tout : lampe à UV, gel blanc, gel transparent, pinceaux, etc. Elle s'entraînait même sur ses copines (Safia n'y avait d'ailleurs pas échappé, sauf que ça n'avait pas tenu plus de quelques jours avant que tout fiche le camp...).

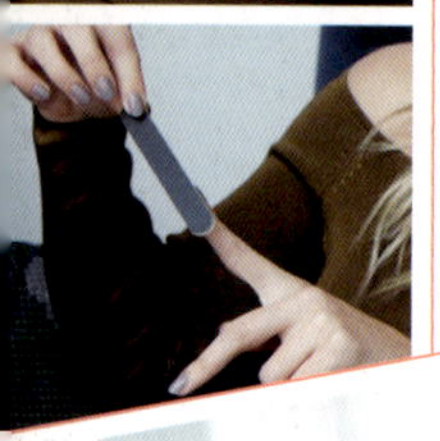

Contrairement à ses cheveux, les ongles de Caroline sont longs, forts et robustes ! En revanche, ceux de Safia sont plus faibles, cassants et ont tendance à se dédoubler rapidement. Comme pour le reste, c'est donc avant tout une question de génétique... et une part de chance !

LE TOP POUR CHOUCHOUTER SES ONGLES

→ La base de vernis

Nous n'appliquons jamais, ô grand jamais, de vernis sans avoir préalablement posé une base protectrice sur nos ongles ; c'est THE règle à ne jamais oublier si l'on veut garder des ongles forts et en pleine santé. Si vous ne voulez pas de cet effet d'ongle jauni, protégez-le !

→ L'huile pour cuticules

Qu'est-ce qui rend une main jolie, finalement ? Des ongles vernis ou entretenus, oui, mais également leurs contours. Ou, plutôt, c'est ce qui pourrait enlaidir une main. Car, lorsque vos cuticules sont nourries et que vos ongles sont « propres », on ne les remarque pas forcément. En revanche, lorsque vous avez plein de petites peaux sèches autour des ongles, ça fait tout de suite négligé !

Alors, avant de les couper, pensez à bien les nourrir. Vous pouvez utiliser pour cela de l'huile spéciale cuticules, mais si vous n'en avez pas, une crème pour les mains fait aussi très bien l'affaire. Le tout est de penser à bien les hydrater.

→ Le bicarbonate de soude

De même que pour l'hygiène dentaire, le bicarbonate de soude a des propriétés blanchissantes. Si vos ongles jaunissent, appliquez directement dessous du bicarbonate de soude à l'aide d'une brosse à dents : c'est à la fois hyper-rapide et très efficace !

Couper ses ongles aux ciseaux ou au coupe-ongle favorise leur dédoublement.

MANUCURE MAISON EN 10 ÉTAPES

1. Nettoyer
Avant tout, une manucure commence par un bon nettoyage ! Assurez-vous de retirer toute trace de vernis et de vous laver les mains avec un savon doux.

2. Limer
Pour donner la forme souhaitée à ses ongles, les limer est ce qu'il y a de mieux. Concernant la technique de limage, nous vous conseillons de toujours aller dans le même sens et d'éviter les va-et-vient, qui ont tendance à casser l'ongle.

3. Préparer
Afin de ramollir vos cuticules, soit vous disposez d'un émollient spécial, soit vous pouvez les tremper dans un peu d'huile d'olive tiède quelques minutes. Ensuite, vous pouvez repousser vos cuticules à l'aide d'un bâtonnet en bois ou en plastique, ou tout simplement à l'aide de vos ongles. Pensez à réaliser cette étape avec délicatesse !

4. Couper
Une fois que vos peaux sont bien ramollies, coupez les peaux mortes disgracieuses tout autour de vos ongles à l'aide d'une petite pince.

5. Polir
Afin de lisser la surface de vos ongles et de faciliter la pose de vernis, utilisez un bloc polissoir.

6. Protéger
Avant d'appliquer votre vernis – quel qu'il soit –, il est primordial de protéger vos ongles à l'aide d'une base. Celle-ci va non seulement servir de barrière entre votre ongle et la couche de vernis, mais elle va également permettre au vernis de tenir plus longtemps. Selon votre type d'ongles, il existe plusieurs types de bases : durcisseur, réparateur, etc.

7. Vernir
Lors de la pose de votre vernis, deux couches sont souvent nécessaires pour arriver à la couleur et l'opacité désirées. Veillez à ne pas appliquer de couches trop épaisses qui prendraient trop de temps à sécher. Privilégiez plusieurs couches fines si vous voulez un résultat homogène et qui tient.

8. Préserver
Pour prolonger la tenue de votre vernis, rien de tel qu'un bon top coat ! Il en existe de nombreux et nous vous conseillons vraiment d'investir dans un produit de qualité, car cette étape est très importante, surtout si votre vernis de couleur, lui, n'est pas de très bonne qualité. Ça permettra de sauver les meubles, comme on dit !

9. Nourrir

Une fois vos ongles colorés, vous pouvez appliquer de l'huile pour vos cuticules. Caroline en possède de nombreuses, car elle considère que cette étape est essentielle. Cette application est souvent mise de côté, à tort, car elle vient parfaire et harmoniser tout le travail de manucure.

10. Hydrater

Maintenant que vos ongles sont au top de leur beauté, il ne vous reste qu'une seule étape : hydrater vos mimines ! Pour cela, munissez-vous de votre crème pour les mains favorite et badigonnez-vous-en une bonne dose. Et voilà, votre manucure est terminée, à vous les doigts de fée !

5 RÈGLES D'OR POUR DES MAINS PARFAITES

1. Ton vernis tu ne laisseras pas s'écailler

OK, nous parlons souvent plutôt de faire la « coquette sale », cette technique très personnelle qui consiste à combler les trous du vernis sans refaire toute la manucure. Après tout, c'est une façon comme une autre de respecter cette règle d'or. Mais nous ne le faisons jamais plus d'une fois, faut pas exagérer !

2. Tes ongles à la même longueur tu entretiendras

« Bon, allez, celui-là, je le laisse long, le temps que les autres le rattrapent. » Euh... NO WAY !

Sans blague, il vaut mieux être un peu chagriné et avoir de jolis ongles à la même longueur que faire la fière avec des ongles en escaliers. Cela enlève toute élégance ! L'idéal reste encore de ne jamais se casser d'ongles, mais ça, c'est de l'utopie pure.

3. Des cures de détox ongles tu feras

Comme notre corps ou nos cheveux, nos ongles ont aussi besoin de repos de temps en temps. Alors, même si cela vous coûte et que vous préférez avoir les ongles bien peints, prenez sur vous et laissez-les respirer de temps à autre.
Cela ne veut pas dire qu'il ne faille pas les hydrater et les entretenir. Il ne s'agit ici que de ne pas mettre de vernis décoratif.

4. Les étapes d'une belle manucure tu suivras

Vous les connaissez bien maintenant et, croyez-nous, si vous les suivez de près, vous augmenterez considérablement votre potentiel « beaux ongles ».

5. Te ronger les ongles tu oublieras

Cette règle est sans doute la plus importante de toutes ! Nous n'avons jamais eu tendance à nous ronger les ongles, mais nous savons à quel point c'est contraignant.

Sachez seulement que si vous vous y mettez, vous entrez dans un cercle vicieux : je ronge mes ongles, ils se fragilisent, ils s'abîment, je les ronge (pour cacher la misère)...

Il existe des vernis au goût absolument répugnant qui vous stopperaient net votre envie de vous ronger les ongles : n'hésitez pas à les essayer ! Attention tout de même à ne pas faire comme la petite sœur de Caroline qui, ayant oublié qu'elle portait ce fameux vernis, avait eu la mauvaise idée de décortiquer des crevettes avant de les manger... pour ensuite s'apercevoir qu'elles avaient le goût immonde du vernis ! Même le chat n'en avait pas voulu !

ALORS... ?

Pour répondre à notre première question « a-t-on réellement une routine beauté ? », nous dirions simplement que : pas forcément ! Cependant, l'important est de connaître les bonnes astuces pour se sentir bien et joli(e). Il ne s'agit pas de tout suivre à la lettre et/ou tous les jours, mais de toujours garder cette ligne directrice en tête quand on veut prendre soin de soi.

un mode de vie "healthy"

Notre mode de vie n'a pas toujours été aussi sain qu'aujourd'hui... Jusqu'à nos 20 ans environ, nous n'accordions pas la moindre importance à la nourriture que nous offrions à notre corps. Nous mangions à heures irrégulières, des plats tout faits bien souvent gras et trop salés, et nous fréquentions régulièrement les fast-foods (oh ! les joies de la vie étudiante !).

C'est au fil de nos voyages et en regardant des documentaires sur ce que nous faisions subir à notre corps que notre vision sur l'alimentation a changé : Safia est devenue végétarienne et Caroline a fortement limité sa consommation de viande et de produits laitiers.
Cette transition ne s'est pas faite dans un but esthétique, mais pour donner à notre corps les nutriments essentiels à son bon fonctionnement. Eh oui, la nourriture que nous avalons a des impacts non seulement sur notre apparence, mais aussi sur notre santé.
Aujourd'hui, nous pouvons affirmer que nous avons une alimentation saine et équilibrée 90 % du temps.

Attention, il n'est pas question de bannir à jamais les écarts quand on souhaite améliorer son mode de vie ! Nous nous accordons, comme tout le monde, des petits plaisirs gras et/ou sucrés lorsque l'occasion se présente.

POUR UNE ALIMENTATION ÉQUILIBRÉE

→ Le gluten

Ce sont les protéines que l'on retrouve dans certaines céréales comme le blé, l'orge, l'avoine, le seigle, le kamut ou encore l'épeautre. Il se trouve par conséquent dans tous les aliments contenant ces céréales. Une des propriétés du gluten est de donner du volume en procurant une texture moelleuse.
Il ne serait pas toléré par une partie de la population.
Une véritable polémique s'est récemment installée autour du gluten, certains influenceurs sur Internet mettant en avant que manger sans gluten pourrait avoir des effets amincissants, car cela favoriserait une meilleure digestion.

De notre côté, nous essayons de privilégier les aliments sans gluten quand c'est possible mais, globalement, nous consommons du gluten dans notre vie quotidienne. Ici, en Espagne, il est assez courant de se nourrir sans gluten, car presque tous les aliments en sont dépourvus et sont signalés comme tels en magasin. Nous privilégions en règle générale les produits possédant le moins d'ingrédients.

Attention toutefois, car certains aliments sont, pour des questions de marketing, mais à juste titre, indiqués « sans gluten ». Cependant, ils possèdent souvent des ingrédients bien plus douteux et néfastes pour la santé.

Comment l'éviter ?
Privilégiez la farine de maïs
dans les préparations et mangez du pain sans gluten
(pas bon du tout, selon nous... !).

→ Les produits laitiers

Nous essayons également de nous tenir à distance des produits laitiers, sans pour autant les avoir complètement bannis de notre alimentation.
L'homme n'est pas fait pour consommer du lait autre que celui de sa mère lorsqu'il est nourrisson. D'ailleurs, si vous regardez autour de vous, vous verrez qu'aucun animal ne consomme d'autre lait que le sien ! En effet, quelle est la logique dans le fait de consommer, par exemple, le lait qu'une vache produit pour son veau qui vient de naître, ce lait ayant la particularité de faire doubler de volume son enfant en quelques mois seulement ?

Comment les éviter ?
Préférez le lait et les yaourts au soja ; le goût peut être assez dérangeant au départ, mais on s'y habitue très vite ! Il existe également de nombreux « faux-mages », dont le goût est assez proche de celui du fromage.

→ Les protéines

Elles sont essentielles pour le bon fonctionnement des muscles, il ne faut donc pas les éviter. Nous mettons un point d'honneur à toujours avoir un apport en protéines dans chacun de nos repas, qu'elles soient animales ou végétales.
Les protéines peuvent être consommées matin, midi et soir, et même pendant les en-cas. De provenance animale, on les trouve dans les viandes et les poissons et, de provenance végétale, dans les légumineuses, le soja, le tempeh, le seitan, le lupin...
Lorsque nous suivions le Programme Déesse, nous avons également découvert les « bibs », des shakers de protéines que nous consommions le matin et l'après-midi. La prise de shakers quotidienne n'est pas recommandée, surtout si elle n'est pas suivie par des professionnels, car elle pourrait procurer des insuffisances rénales, ainsi que des poussées de boutons, comme ça avait été le cas pour Caroline au début du programme.

→ Les légumineuses

Ce sont les meilleures amies des végétariens. Safia l'a bien compris quand son médecin lui a annoncé qu'elle faisait de l'anémie (manque de fer dans le sang). En effet, en plus de leur taux élevé de protéines (idéal quand on fait beaucoup de sport comme nous), les légumineuses, comme les lentilles ou les pois, sont très riches en fer.
Évidemment, il faut consommer plus de légumineuses que de viande pour le même niveau de fer et de protéines, mais c'est une alternative géniale pour varier son alimentation ou éviter d'être carencé.

exemple de légumineuses

1. Lentilles (vertes et corail).

2. Pois cassés et pois chiches.

3. Haricots.

4. Soja, fèves, etc.

→ Les fruits et légumes

Vous connaissez sûrement notre amour pour les fruits et les légumes. Ils sont à consommer sans modération !

Nous essayons, dans la mesure du possible, de privilégier les fruits de saison. Maintenant que nous vivons en Espagne, nous avons conscience de cette chance incroyable d'avoir tant de fruits et de légumes produits localement et de manger des tomates qui ont réellement un goût de tomate !

Les fruits et les légumes peuvent se consommer sous toutes les formes : en smoothies, en jus, en salades, chauds, froids... Notre amour pour eux ne connaît aucune limite !

→ Les féculents

Comme les catégories d'aliments précédentes, les féculents sont essentiels à une alimentation équilibrée.

Ils contiennent une grande quantité de sucres lents et sont considérés comme étant le carburant de notre organisme, car ils nous donnent de l'énergie. Ils sont donc recommandés pour les sportifs avant l'effort... le tout étant de limiter les sauces et autres aliments associés à la prise de féculents (ketchup, mayonnaise, gruyère, etc.).

Nos féculents favoris sont les pâtes complètes, les lentilles et le quinoa, et nous préférons les consommer uniquement au déjeuner.

→ Les graisses

Quand on parle de graisses, il est très important de savoir différencier les bonnes des mauvaises graisses. Les bonnes graisses sont essentielles au bon fonctionnement de l'organisme et ne sont surtout pas à bannir, contrairement aux mauvaises graisses, qui ont un effet négatif sur notre santé.

Graines de quinoa

ALIMENTS CONTENANT :

• **de bonnes graisses, soit des graisses insaturées :**
les avocats, les amandes, le saumon... ;

• **de mauvaises graisses, soit des graisses saturées :**
les sodas, les sucreries, les pâtisseries, le fromage, le beurre, les viandes grasses...

Attention *aux produits « allégés en graisses », car ils ne sont souvent pas pour autant allégés en sucre !*

nos recettes "healthy" préférées

LE PETIT DÉJEUNER

Vous le savez certainement, le petit déj est LE repas méga important de la journée.

Depuis un an maintenant, nous essayons de privilégier les petits déjeuners salés, car nous aimons consommer des protéines dès le matin pour bien nous rassasier et nous donner les nutriments nécessaires pour affronter la journée. Juste après avoir ouvert les yeux, lorsque nous sommes encore à jeun, nous réveillons notre organisme en douceur avec un verre d'eau tiède et du jus de citron. Cette habitude nous permet de détoxifier et de stimuler notre système immunitaire. Puis nous attendons une dizaine de minutes avant d'avaler notre petit déjeuner – c'est d'ailleurs le temps moyen de préparation de celui-ci.

Graines de lin

Le tempeh

GRANOLA FAIT MAISON

Difficulté : 3/5
Budget : 3/5
Temps de préparation : 1 h

Pour 4 personnes
250 g de flocons d'avoine
150 g d'amandes (ou noix)
60 g de sirop d'agave
5 cl d'huile de coco
150 g de fruits déshydratés

1. Préchauffez votre four à 150 °C (th. 5).

2. Mélangez tous les ingrédients hormis les fruits déshydratés et étalez la préparation sur une plaque allant au four recouverte de papier cuisson.

3. Enfournez pour 45 minutes, en remuant à mi-cuisson.

4. Retirez ensuite la plaque du four et laissez-la refroidir une dizaine de minutes. Mettez ensuite le tout dans un récipient et ajoutez-y les fruits déshydratés. Dégustez !

ACAÏ BOWL

Caroline a découvert cette recette en suivant les tendances culinaires australiennes. L'acaï bowl est certainement le petit déjeuner le plus « healthy » qui soit étant donné le nombre de superaliments qu'il contient ! De quoi vous donner toute l'énergie nécessaire pour commencer la journée du bon pied !

Difficulté : 0/5
Budget : 5/5
Temps de préparation : 5 min

Pour un acaï bowl
1 cuill. à café d'acaï (superaliment)
5-6 fraises
3 bananes

Toppings
1 cuill. à café de graines de chia (superaliment)
1 cuill. à café de graines de chanvre (superaliment)
1 cuill. à soupe de baies de goji (superaliment)
1 cuill. à soupe de müesli
1 cuill. à soupe de noix de coco râpée
1 kiwi
Une petite poignée de mûres

1. Pour préparer cette recette, le plus dur est de réunir tous les ingrédients.

2. Ensuite, c'est un jeu d'enfant ! Mélangez tous les ingrédients dans votre blender, versez la préparation dans un bol et amusez-vous à y disposer les *toppings* joliment. C'est tout !

PUDDING DE CHIA

Qui n'a jamais vu ces photos parfaites de blogueuses ou youtubeuses (souvent américaines) avec des bols de ce fameux pudding ? Le chia est une graine originaire du Mexique aux multiples vertus ; elle est notamment riche en protéines et en fibres. Parfait pour bien démarrer la journée !
Vous pouvez trouver ces graines en magasins bio et dans certaines grandes surfaces.

Difficulté : 1/5
Budget : 3/5
Temps de préparation : 5 min
Temps de repos : une nuit

Pour 1 pudding
3 cuil. à soupe de graines de chia
Lait d'amande (ou de coco)
1 cuil. à café de miel (ou un peu de stévia pour moins de calories)
Fruits, cacao cru, cannelle... (facultatif)

1. La veille au soir, versez les graines de chia dans un récipient (verre, tasse...). Ajoutez le lait jusqu'à presque recouvrir les graines.

2. Laissez reposer toute une nuit afin que les graines aient le temps d'absorber le lait et de grossir. Ajoutez le miel ou la stévia si vous le souhaitez.

3. Le matin, ajoutez-y éventuellement les ingrédients facultatifs pour plus de gourmandise, et dégustez !

Le pudding de chia est un petit déjeuner riche, consistant et délicieux. Il permet de changer des éternels bols de müesli ou de flocons d'avoine.

HUEVOS PERICOS

Safia a découvert ce petit déjeuner quand elle vivait en Colombie. C'est d'ailleurs à cette époque qu'elle a commencé à aimer les œufs le matin.

Difficulté : 1/5
Budget : 2/5
Temps de préparation : 5 min

Pour une personne
4 blancs d'œufs + 2 jaunes
½ tomate
½ oignon
Herbes aromatiques

1. Coupez la tomate et l'oignon, puis faites-les revenir dans une poêle huilée.

2. Pendant ce temps, battez les œufs et assaisonnez-les à votre goût (sel, poivre, herbes...).

3. Ajoutez les œufs dans la poêle et mélangez pendant tout le temps de la cuisson (comme pour des œufs brouillés).

4. Servez chaud, avec une tranche de pain complet par exemple.

Vous pouvez utiliser les 2 jaunes d'œufs restants pour vous faire un masque pour les cheveux, par exemple.

HEALTHY BURGER

Une super-alternative au burger classique !

Difficulté : 2/5
Budget : 3/5
Temps de préparation : 30 min

Pour un burger
1 oignon
1 filet de poulet
Fromage de chèvre
2 tranches de pain complet
Sauce tzatziki
Quelques pousses de roquette
1 tomate
1 betterave
Huile d'olive

1. Commencez par faire revenir l'oignon dans de l'huile d'olive. Faites ensuite cuire le poulet lentement à la poêle, en déposant du fromage de chèvre sur le filet en fin de cuisson pour les faire ramollir.

2. Faites griller les tranches de pain au grille-pain ou au four. Ajoutez ensuite du tzatziki, des pousses de roquette, deux tranches de tomate et une tranche de betterave. Disposez votre filet de poulet avec le fromage de chèvre dessus, puis finissez en déposant l'oignon grillé.

3. Dégustez chaud et accompagné de frites de patate douce !

SALADE DE QUINOA SUCRÉE-SALÉE

Difficulté : 1/5
Budget : 2/5
Temps de préparation : 30 min

Pour 4 personnes
300 g de quinoa
4 œufs
1 demi-chou rouge
200 g de pois chiches
5-6 fraises
Une poignée de fruits rouges
Une pincée de graines de chia

1. Faites cuire le quinoa et les œufs façon œufs durs et laissez les refroidir. Pendant ce temps, lavez et préparez les fruits et les légumes en les coupant en dés ou en fines tranches.

2. Répartissez ensuite les ingrédients dans votre plat : d'abord le chou, puis le quinoa, l'œuf, les pois chiches, les fraises et les fruits rouges, pour terminer par les graines de chia.

3. Vous pouvez accompagner cette salade de vinaigrette citron-balsamique pour plus de fraîcheur.

LE DÉJEUNER/DÎNER DE SAFIA

TARTE À LA TOMATE PROTÉINÉE

Les tartes sont idéales quand on veut changer, que l'on n'a pas grand-chose dans ses placards et que, surtout, on a envie de manger quelque chose de chaud, simple et bon. Accompagnée d'une salade verte, c'est un repas parfait !

Difficulté : 2/5
Budget : 2/5
Temps de préparation : 20 min

Pour une tarte pour 3 personnes
Une pâte à tarte (brisée de préférence, ou voir la recette ci-dessous)
Du soja déshydraté
3-4 tomates (on peut varier les couleurs pour que ce soit plus joli)
Quelques feuilles de basilic
De la crème de soja
Du fromage râpé

Recette de la pâte à tarte (rapide, efficace et bonne)
300 g de farine
½ sachet de levure chimique
1 tasse à café d'huile d'olive
2 tasses à café d'eau tiède

1. Mélangez l'ensemble des ingrédients dans un grand saladier. N'ayez pas peur d'y aller avec les mains pour bien pétrir la pâte. Faites attention à ne pas y aller trop fort non plus pour la laisser aérée.

2. Quand votre pâte est une masse ni trop humide ni trop sèche, vous pouvez l'étaler et la disposer dans votre moule.

Suite de la recette page 189

Cuisson du soja déshydraté
Laissez tremper le soja 10 à 15 minutes dans de l'eau chaude (hors du feu), puis rincez.

1. Préchauffez votre four à 180 °C (th. 6).

2. Placez votre pâte à tarte dans un moule à tarte beurré, huilé ou recouvert de papier cuisson, et piquez-la avec une fourchette.

3. Coupez les tomates en rondelles régulières puis disposez-les sur le fond de tarte. Coupez le basilic, mais gardez 3 ou 4 feuilles pour la décoration. Étalez le soja déshydraté et le basilic au milieu des tomates, puis versez un peu de crème de soja.

4. Ajoutez le fromage râpé, puis enfournez pour 30 à 35 minutes.

Le soja déshydraté est idéal pour remplacer la viande hachée par exemple. Plein de protéines, il est aussi recommandé de le consommer bio pour mieux contrôler sa production.
Seul, cet aliment n'a pas vraiment de goût, alors n'hésitez pas à le marier à d'autres ingrédients dans vos recettes.

SOUPE ULTRA-COMPLÈTE

Difficulté : 2/5
Budget : 3/5
Temps de préparation : 30 min

Pour 4 personnes
1 cube de bouillon de légumes
½ oignon rouge émincé
300 g de pois chiches
1 cuil. à soupe de crème de soja
8-10 feuilles de chou kale
2 cuil. à soupe d'huile d'olive
4 gros œufs
Sel marin et poivre noir

1. Faites bouillir de l'eau avec le cube de bouillon de légumes. Ajoutez l'oignon émincé et laissez cuire 4 minutes.

2. Incorporez les pois chiches et la crème de soja. Remuez, puis ajoutez les feuilles de chou coupées grossièrement.

3. Baissez le feu et laissez mijoter 15 minutes.

4. Dans une poêle huilée et chaude, cassez les œufs pour faire des œufs sur le plat. Salez et poivrez.

5. Servez la soupe dans des bols, puis déposez les œufs délicatement sur le dessus.

6. Servez avec des tranches de pain complet pour pouvoir saucer !

BOUCHÉES DE PROTÉINES AUX TROIS SENSATIONS

Difficulté : 4/5
Budget : 5/5
Temps de préparation : 1 h
Temps de conservation : 3 jours

Pour 6 bouchées environs
1 poignée de dattes
1 poignée d'amandes
1 poignée de fruits secs (baies de goji, raisins, etc.)
1 cuil. à soupe de protéines en poudre goût chocolat
1 cuil. à soupe de graines de chia
1 cuil. à soupe de graines de chanvre
1 poignée de noix de coco râpée

1. Mixez les dattes, les amandes, les fruits secs et les protéines ensemble à l'aide d'un blender. Ajoutez un peu d'eau si la consistance est trop épaisse – vous devrez pouvoir réaliser des boules avec vos mains.

2. Préparez ensuite trois récipients contenant respectivement les graines de chia, les graines de chanvre et la noix de coco râpée.

3. Déposez vos boules une à une dans l'un des trois récipients afin de les recouvrir totalement.

4. Laissez-les reposer au frigo sur du papier cuisson pendant 30 minutes, puis dégustez.

TOASTS SALÉS

Une recette très rapide et facile à réaliser pour les petites fringales !

Difficulté : 1/5
Budget : 1/5
Temps de préparation : 5 min

Pour 1 à 2 personnes
2 tranches de pain complet
2 cuil. à soupe d'houmous
2 radis noirs
Quelques pousses de roquette
Sel, poivre

1. Commencez par faire griller vos tranches de pain complet dans un grille-pain, c'est bien meilleur !

2. Une fois les toasts prêts, étalez l'houmous sur une face de chaque toast. Découpez ensuite les radis noirs en fines lamelles et disposez-les par-dessus. Ajoutez quelques pousses de roquette, du sel, du poivre, et vous pouvez déguster !

ORANGES DU MAROC

Safia a découvert cet en-cas super-(ultra)-simple lors de son séjour à Chefchaouen, en octobre 2015.
Une collation idéale pour faire le plein de vitamines en hiver, même quand on n'a pas beaucoup de temps.

Difficulté : 1/5
Budget : 1/5
Temps de préparation : 5 min

Pour 1 personne
1 (ou 2 pour les gourmands) grosse orange
Cannelle

1. Épluchez l'orange comme à votre habitude.

2. Coupez-la en rondelles pas trop fines (pour éviter qu'elle se casse dans vos doigts, salisse votre pantalon, éclabousse partout, bref…).

3. Saupoudrez les rondelles d'un peu de cannelle et dégustez.

TARTINES D'AVOCAT

Ce « goûter » est de loin le favori de Safia. Elle l'a découvert après le Programme Déesse, quand, un peu perdue, elle allait voir Pierre-Jean pour lui demander comment remplacer les fameux « bibs de protéines » qui servaient de collation.
On peut avoir du mal à manger du salé à l'heure du goûter (on préférerait parfois une bonne tartine de pâte à tartiner), mais là, tout est parfait : bon, beau et nourrissant.

Difficulté : 2/5
Budget : 3/5
Temps de préparation : 5 min

Pour 1 à 2 personnes
1 ou 2 tranches de pain complet (le pain de seigle aux graines de lin est le préféré de Safia)
¼ d'avocat
½ jus de citron pressé
1 cuil. à café de graines de pavot/chia/lin/tournesol

1. Découpez le quart d'avocat.
Il y a alors deux écoles :
- Ceux qui font des tranches pour les disposer côte à côte sur le pain
- Ceux qui écrasent l'avocat sur le pain

Les deux options sont délicieuses et jolies, à vous de choisir.

2. Saupoudrer ensuite des graines de votre choix (Safia préfère les graines de pavot, par exemple), puis pressez le citron par-dessus.
Le mélange avocat-citron… un délice !

L'avocat fait partie de la famille des bons gras. Ce qui signifie que nous en avons besoin pour faire fonctionner notre organisme correctement, mais qu'il ne faut pas en abuser.
Le pain complet est de meilleure facture que le pain blanc, car plus riche en éléments nutritifs, tout en gardant un indice calorique plus faible.

jus et smoothies

Depuis pas mal d'années maintenant, nous sommes toutes les deux accros au « juicing » ! Nous sommes d'abord tombées amoureuses des smoothies, avant de découvrir les jus ! Vous ne voyez pas de différence entre les deux ? Et pourtant !

LES SMOOTHIES

Les smoothies sont un mélange de fruits et/ou de légumes broyés ensemble à l'aide d'un blender. Si on y ajoute du lait ou du yaourt, on les transforme en milk-shakes !
En anglais, *smooth* signifie « onctueux », car ces mélanges ont la particularité d'être assez épais, contrairement aux jus qui sont beaucoup plus liquides. Par ailleurs, la totalité du fruit ou du légume se retrouve dans le smoothie : les fibres solubles, insolubles et le jus.

La consommation de smoothies revient à manger des fruits ou des légumes dans leur état « solide », car ils seront digérés exactement de la même manière et assimilés à 70 % par l'organisme.

LES RECETTES PRÉFÉRÉES DE CAROLINE

Pour les recettes qui suivent, toutes les quantités données sont pour un grand verre, format « jar ».

LE SMOOTHIES AUX FRUITS

Difficulté : 0/5
Budget : 1/5
Temps de préparation : 5 min

2 bananes
10 fraises
1 orange
½ citron

1. Cette recette est vraiment idéale pour accompagner un petit déjeuner, car elle est assez consistante. Il suffit de mélanger tous les ingrédients dans un blender et voilà, vous avez un délicieux smoothie !

2. Le citron rehaussera le goût des fruits.

LE SMOOTHIE AUX LÉGUMES

Difficulté : 0/5
Budget : 1/5
Temps de préparation : 5 min

1 poignée de salade verte frisée
½ citron jaune
1 orange
1 pomme verte
5 feuilles de menthe

1. Mixez tous les aliments, puis ajoutez un peu d'eau selon votre convenance (un verre suffit à rendre le mélange plus liquide !).

LES RECETTES PRÉFÉRÉES DE SAFIA

LE SMOOTHIE AUX FRUITS

Difficulté : 0/5
Budget : 1/5
Temps de préparation : 5 min

1 pomme
1 grosse poignée de framboises
7-8 feuilles de menthe
1 cuil. à café de cannelle

1. Coupez tous les ingrédients grossièrement, puis incorporez-les au blender et mixez. C'est aussi simple que ça !

2. Les smoothies de fruits sont beaucoup plus sucrés que les smoothies de légumes. Il est donc recommandé de les consommer le matin.

LE SMOOTHIE AUX LÉGUMES

Difficulté : 0/5
Budget : 1/5
Temps de préparation : 5 min

5-6 feuilles d'épinards
3 feuilles de chou kale (superaliment)
½ concombre
10 grains de raisin (sans pépins)
1 pomme
7-8 feuilles de menthe

1. Ce smoothie est parfait pour manger des légumes que nous ne souhaitons pas forcément manger en salade ou chauds.

2. Dans un jus de légumes, on mettra pratiquement toujours quelques fruits pour équilibrer le goût. Quant à la menthe, elle est simplement là pour le plaisir, car elle sublime tout ce qu'elle accompagne.

Le chou kale est un chou très frisé, vert (donc plein de chlorophylle), bourré de vitamines antioxydantes, riche en fibres et en oligo-éléments. C'est un superaliment qu'il faut apprendre à apprivoiser pour l'apprécier.

LE SMOOTHIE AUX FRUITS

LE SMOOTHIE AUX LÉGUMES

LES JUS

La réalisation de jus de fruits ou de légumes consiste à séparer les fibres solubles des fibres insolubles. Elle se fait à l'aide d'une centrifugeuse ou d'un extracteur de jus.
En ne gardant que les fibres solubles, les jus permettent de zapper l'étape digestion et de faire en sorte que les fruits ou légumes accèdent directement au sang dans les 15 à 30 minutes suivant leur ingestion. Ils sont assimilés à 100 % par l'organisme.
On vous l'accorde, les jus de légumes ne sont pas forcément tout de suite délicieux ! Mais, petit à petit, vous saurez quels goûts vous plaisent (ou pas) afin d'adapter au mieux vos dosages.

L'idéal, lorsque vous réalisez des jus, est d'avoir des fruits et des légumes bio. En effet, la peau n'étant pas retirée, il est préférable qu'elle ne soit pas recouverte de pesticides.

LES RECETTES PRÉFÉRÉES DE CAROLINE

LE JUS DÉTOX

Difficulté : 0/5
Budget : 3/5
Temps de préparation : 10 min

8 branches de céleri
1 poignée de chou vert
2 pommes golden
1 citron jaune pelé
1 petite branche pelée de gingembre
1 cuil. à café de chlorelle (facultatif)

1. Ce jus est parfait pour les journées où vous n'avez pas la grande forme et que vous voulez un petit coup de boost !

LE JUS ROSE

Difficulté : 0/5
Budget : 1/5
Temps de préparation : 10 min

½ melon jaune
½ chou rouge
½ ananas
6 carottes

1. Si vous commencez tout juste à boire des jus, celui-là est fait pour vous ! Il est assez sucré et le goût des légumes reste très doux.

LES RECETTES PRÉFÉRÉES DE SAFIA

LE JUS VERT

Difficulté : 0/5
Budget : 1/5
Temps de préparation : 10 min

1 concombre
½ fenouil
¼ d'ananas
4-5 gouttes d'eau de fleur d'oranger

1. Découpez tous les ingrédients; puis alternez entre légumes/fruit mou et légumes/fruit plus mou pour faciliter le travail de votre centrifugeuse.

LE JUS ROUGE

Difficulté : 0/5
Budget : 1/5
Temps de préparation : 10 min

1 betterave
1 pomme
½ citron pressé
1 pincée de cannelle

1. Mettez les ingrédients un à un dans votre centrifugeuse ou extracteur et le tour est joué.

LE JUS ROSE

LE JUS DÉTOX

top 3 des superaliments détoxifiants

Caroline a découvert ces superaliments complètement par hasard lors de son séjour en Australie. Elle faisait alors un stage dans les médias sociaux et apportait son aide à des diverses entreprises. L'une d'elles commercialisait des préparations à base de spiruline, de chlorelle ou encore de germes de blé.

Il ne s'agit pas ici de prendre un verre d'eau et d'y ajouter une cuillerée à soupe de poudre d'algue. Surtout pas ! Caroline a fait le test après recommandation de son ancien patron et s'est retrouvée toute bête à tenter de simuler son immense dégoût. Le mieux reste de les incorporer à vos jus, en quantité raisonnable pour que le goût ne surpasse pas celui de votre préparation.

LA SPIRULINE

Cette algue est considérée comme étant la plus grande source de protéines au monde. Elle apporte un très grand concentré d'énergie et améliore le système immunitaire. Elle est notamment recommandée pour les sportifs de haut niveau.
Côté beauté, la spiruline est conseillée pour accélérer la pousse des cheveux, et il est également possible d'en appliquer en masque sur le visage, car elle possède des propriétés antiacnéiques.

Pour la consommer, l'idéal est d'en ajouter une cuillerée à café dans vos jus ou vos smoothies. Et, surtout, ne prenez pas peur devant la couleur vert foncé qu'elle donnera à votre boisson... Dites-vous que tout est naturel et que ça vous fera le plus grand bien !

LA CHLORELLE

Cette micro-algue est tout aussi puissante que la spiruline. Elle permet un grand nettoyage et une détoxification de l'organisme. C'est également un aliment qui est connu pour son effet sur le psychique, en raison de ses vertus apaisantes.

Tout comme la spiruline, nous vous conseillons d'en ajouter à vos jus ou à vos smoothies. Par ailleurs, son effet est démultiplié lorsqu'elle est associée à la spiruline.

LES GRAINES DE CHIA

Nous en parlons beaucoup dans nos recettes, les graines de chia étant devenues un réflexe quotidien de notre alimentation. Le chia est la plus haute source végétale en oméga-3. Cette graine est riche en fibres, protéines, lipides et antioxydants. Elle n'a pas vraiment de goût et s'incorpore très facilement à tout type de préparations !

Spiruline

Chlorelle

Graines de chia

5 commandements pour garder une alimentation saine

1. Des fast-foods tu t'éloigneras

Pas besoin ici de vous faire un dessin ! Les fast-foods sont les ennemis numéro 1 d'une alimentation saine et équilibrée. La nourriture y possède beaucoup trop de lipides et de glucides pour les apports dont vous avez besoin. Nous ne mettons presque jamais les pieds dans les fast-foods. L'état de lourdeur dans lequel nous nous trouvons après ce type de repas suffit à nous dissuader d'y aller.

2. Du temps tu prendras

C'est en prenant le temps de bien choisir vos aliments et de composer vous-même vos menus que vous parviendrez à avoir une alimentation équilibrée. *Exit* les plats tout prêts, les livraisons à domicile, les bons vieux steak-pâtes au ketchup. Nous avons été étudiantes et nous savons à quel point cela peut être difficile de trouver la motivation de se faire à manger lorsque l'on est seul, mais, croyez-nous, votre corps vous dira merci !

En plus d'être meilleur pour votre santé – parce que vous contrôlez ce que vous mettez dans votre assiette et que vous évitez les conservateurs et autres bizarreries indiquées dans les ingrédients –, un bon repas est souvent un moment agréable à partager avec votre chéri(e), votre famille, vos amis.

3. Beaucoup d'eau tu boiras

Vous ne pouvez pas concentrer toute votre énergie à avoir une bonne alimentation si vous n'avez pas le réflexe le plus simple : boire ! Il est recommandé de boire 2 litres d'eau par jour, soit environ 8 verres, car c'est la quantité d'eau que nous dépensons en moyenne par jour.
En cas de maladie, d'allaitement, de grosse chaleur ou de pratique d'exercice physique, cette consommation d'eau doit être augmentée.

Pour boire plus, nous aromatisons souvent nos bouteilles avec du citron, des fruits rouges ou encore des rondelles de concombre. Cela s'appelle des « eaux détox » – on en entend parler partout en ce moment, vous connaissez sûrement !

4. La règle du 80/20 tu respecteras

Comme tout le monde, il nous arrive de nous laisser embarquer dans des soirées raclette, pizza, etc. ! Est-ce grave ? Certainement pas ! L'essentiel est de les considérer comme des écarts et non comme des habitudes. Nous pensons que nous mangeons sainement 80 % du temps et que nous nous autorisons des petits écarts-plaisirs les 20 % restant (souvent le week-end, allez savoir pourquoi !).

5. De tes placards tu prendras soin

Nous nous sommes rendu compte que, si nous ne remplissions pas nos placards d'aliments mauvais pour nous, nous étions moins susceptibles d'en manger. Il est tellement difficile de résister à la tentation quand elle se trouve sous notre nez ! Aussi, c'est une règle d'or. Elle est radicale et tellement facile à mettre en place !
L'idéal, selon nous, est d'avoir quelques bricoles qui font plaisir dans les placards, mais pas en grande quantité.

Il est fortement recommandé de ne jamais faire les courses le ventre vide, pour éviter de craquer sur des bêtises inutiles et pour se concentrer sur ce qui est bon et utile.

tout savoir (ou presque) sur le bio

L'une des bonnes résolutions 2016 de Safia est de consommer encore plus biologique ! Cela fait des années qu'elle mange souvent bio et Caroline s'y est aussi mise en revenant en France début 2015.

On a parfois tendance à penser que le bio est... une tendance, justement. Mais pas vraiment. Il y a peu de chance que l'on dise, dans quelques années, que le bio est mauvais pour la santé.

POURQUOI MANGER BIO ?

Parce que c'est bon !

Entre une pomme issue de l'industrie agroalimentaire, donc pleine de pesticides de synthèse, et une pomme produite grâce à des procédés moins nocifs, plus naturels, à moins grandes échelle, il n'y a pas photo, le goût n'est pas le même.

De manière générale (même si, c'est vrai, ce n'est pas toujours le cas), les produits bio ont un vrai goût, le goût du vrai et du terroir, le goût des bonnes choses.

Mais le bio n'est pas qu'une histoire de palais, évidemment !

Parce que c'est bon pour votre corps !

À force de consommer des produits transformés, pleins d'OGM, de pesticides, etc., notre corps n'est plus en mesure de se défendre. Notre santé, physique et mentale, dépend en grande partie de ce que nous mangeons. Manger des produits chimiques n'a jamais été et ne sera jamais un idéal.

En tant qu'être vivant, nous avons nous aussi besoin de nous nourrir de produits naturels et vivants.

Il est scientifiquement prouvé que les produits chimiques utilisés dans la production agroalimentaire favorisent les cancers et autres dérèglements hormonaux. Manger bio, c'est éviter de s'empoisonner jour après jour. Nous ne consommons pas bio à tous les repas et ne pensons pas en arriver à ce stade, mais favoriser certains aliments bio est déjà un bon début.

Parce que c'est bon pour la planète !

De manière générale, le bio représente des productions à moins grande échelle que l'industriel, des productions plus humaines, finalement. Contrôler la production permet de ne pas épuiser les ressources naturelles, sachant que près de 50 % de ce qui est produit annuellement n'est jamais consommé et finit à la poubelle.

La fameuse loi de Pareto (80-20) fonctionne aussi pour l'alimentaire. En effet, 80 % des ressources de la planète sont utilisées par seulement 20 % des habitants. Il y aurait donc largement de quoi nourrir l'ensemble des habitants de cette planète, mais la répartition étant ce qu'elle est et le gaspillage atteignant des sommets, nous avons à faire à une surconsommation dans certaines régions par rapport à d'autres.

Ainsi, la filière biologique, dans sa démarche et son éthique, vise à consommer moins, mais mieux.

LES PRODUITS À CONSOMMER BIO EN PRIORITÉ

→ Les pommes de terre

Les pommes de terre font partie des aliments les plus contaminés par les pesticides, et il est très difficile de les éliminer, même en les lavant bien.

→ La viande

De manière générale, les animaux que l'on mange sont nourris aux hormones et autres médicaments leur permettant de grandir plus vite et d'éviter les maladies. Aussi, si l'on veut avoir un corps sain via une alimentation saine, il est préférable d'éviter de consommer ce type de produits. Eh oui, les antibiotiques ingérés par le bœuf, par exemple, se retrouvent naturellement dans ses tissus, donc dans nos assiettes.

→ Les produits laitiers

Tout comme pour la viande, les produits médicamenteux ingérés par les vaches, chèvres, etc. se retrouvent ensuite dans leur lait.

→ Les pommes

La peau de la pomme étant la partie la plus riche en vitamines, il serait dommage de l'enlever à cause des pesticides qu'elle contient. Et cette peau est si fine qu'il est fréquent que les pesticides passent à travers et arrivent jusque dans la chair de la pomme.

Alors, pour profiter pleinement de ce fruit, il est préférable de le consommer bio et de le croquer à pleines dents.

→ Les œufs

Le risque principal des œufs est la salmonelle, bactérie présente dans les déjections animales.

Les poules élevées en plein air sont naturellement moins sujettes à cette bactérie. Par ailleurs, les qualités nutritionnelles des œufs bio sont bien plus élevées que celles des œufs de batterie.

Pour savoir si un œuf est vraiment bio, il vous suffit de regarder le tampon sur la coquille. Si le numéro commence par 0, alors il est bio. S'il commence par 1, c'est du plein air. S'il commence par 2 ou par 3, fuyez (poules de batterie, malades et bourrées d'antibiotiques...) !

→ Les fraises

Afin de les rendre parfaites et encore plus jolies, il est courant que les fraises soient recouvertes d'un fongicide (produit éliminant le développement des champignons parasites des végétaux) à base de captane. Ça ne fait pas vraiment envie !

→ Les céréales

Quand des céréales ne sont pas bio, elles sont encouragées par bon nombre de produits chimiques tels que des fongicides et des insecticides, autant de matières qui viennent se loger dans la coque de la graine et qui l'imprègnent, pour ensuite se retrouver dans notre alimentation. Encore des produits toxiques que l'on préférerait ne pas ingérer !

OU ACHETER BIO ?

Bien entendu, on ne peut pas toujours acheter tous ces produits bio. Cependant, il existe de superbes alternatives pour se fournir en produits moins « toxiques », comme les coopératives, les AMAP (Associations pour le maintien d'une agriculture paysanne), les producteurs locaux ou même la culture de son propre potager, dans un idéal plus ou moins atteignable.

→ Au supermarché

Le lieu le plus « facile d'accès » est certainement le supermarché classique. En effet, que ce soit chez un grand distributeur ou dans un hard-discount, on trouve maintenant toujours un rayon biologique. Cela a l'avantage de ne pas nous obliger à faire plusieurs magasins pour trouver tout ce dont on a besoin, mais aussi de nous permettre de profiter des prix des grandes surfaces, qui sont souvent plus intéressants que dans les magasins spécialisés.

→ Dans les magasins spécialisés bio

Que l'on habite une grande ville ou une ville moyenne, de plus en plus de magasins de ce type ouvrent. La majorité des magasins bio ont d'ailleurs leur propre marque, ce qui permet d'acheter certains produits à un prix plus raisonnable.

Quand vous vous rendez dans un magasin bio, passez par la case « vrac ». Le libre-service est souvent de très bonne qualité, moins cher, et il permet de limiter les déchets (dans la mesure où on réutilise les sachets, par exemple).

→ Sur Internet

Quand on n'a pas de magasin bio près de chez soi, le magasin bio vient à nous. Il existe aujourd'hui un grand nombre de magasins en ligne pratiquant les mêmes prix que les magasins physiques. Ainsi, on prend 15 minutes, on fait ses courses et elles sont livrées quelques jours plus tard.

→ Dans les AMAP

Les AMAP sont des regroupements de producteurs à l'éthique reconnue. Prônant la production paysanne, tout n'est pas bio, mais tend à l'être (moins de produits chimiques, plus de vrai).
Vous pouvez trouver les adresses des AMAP près de chez vous sur le site officiel www.reseau-amap.org.
Dans le même esprit, pensez à La Ruche qui dit Oui (Une communauté d'achat en direct auprès de producteurs locaux. Il y en a partout en France.). Ce n'est pas tout bio, mais tout est meilleur et mieux produit.

→ Sur les marchés

En nous rendant au marché, nous avons vite compris qu'il existait trois types de stands : les stands bon marché avec des fruits et légumes venus de relativement loin, les stands fermiers avec cette vieille femme (ou ce vieil homme) qui vend les pommes de sa production, et les stands bio, souvent plus chers et très colorés.
Entre les stands fermiers et les stands bio, notre cœur balance. En effet, nous avons compris que les fruits et légumes venant de loin ne tenaient pas forcément très longtemps. Cependant, nous n'avons pas toujours les moyens d'acheter l'ensemble des fruits et légumes sur les stands bio, alors les stands fermiers sont une bonne alternative. Et nous discutons avec le producteur et lui achetons des légumes.

LE BIO COÛTE-T-IL CHER ?

Le bio coûte généralement plus cher que le non-bio. C'est un fait !
Nous n'avons pas toujours consommé bio, et vous imaginez bien que c'était la dernière préoccupation de Safia quand elle se contentait de 10 euros par semaine pour faire ses courses.
Cependant, maintenant que nous sommes adultes et gagnons notre vie, nous essayons de privilégier ce type de produits pour des bienfaits à long terme. Nous ne nous sommes pas rendu compte des effets positifs sur notre vie dès les premiers instants, mais, finalement, nous avons compris à quel point le non-bio peut être un poison pour notre vie et notre corps.
La production de masse coûte forcément moins cher (économies d'échelle, production délocalisée, surexploitation des ressources et accélération des processus naturels), ce qui permet de vendre à des prix inférieurs. Cependant, la question est de savoir si ces bas coûts compensent réellement les dommages causés sur notre santé et sur la nature.
Heureusement, il existe des circuits de distribution permettant de limiter l'envolée des prix sur le bio. Favorisez les AMAP et autres productions locales pour être sûr de payer le juste prix.

LES LIMITES DU BIO

Oui, le bio, c'est bien, mais parfois, le bio n'a pas vraiment lieu d'être.
En effet, une certaine mode du bio fleurit depuis quelques années et les marques l'ont bien compris. Bon nombre d'entre elles se sont mises à proposer des produits « bio » pour répondre à cette tendance. Cependant, sachant qu'il suffit qu'un produit contienne 10 % d'ingrédients bio pour pouvoir être estampillé « bio », il y a de quoi se méfier.
Pour s'assurer de la qualité d'un produit bio, il est donc préférable de se tourner vers des marques aux valeurs bio plutôt que vers le produit bio d'une marque classique.

→ Les labels bio

Il en existe de nombreux, et il est important de bien les comprendre pour bien choisir.

Les deux principaux labels officiels sont :

Label bio français (Agriculture biologique)

Label bio européen

D'autres labels (privés) plus précis existent mais, en suivant ces deux-là, vous vous assurez déjà une consommation plus responsable.

Alors, partant du principe que nous sommes sur cette Terre pour avoir la plus jolie vie possible et pouvoir profiter au maximum de ces instants, nous pensons qu'il est intéressant de nourrir notre corps (intérieur et extérieur) avec de bons produits.
Nous n'avons pas pour objectif d'atteindre le 100 % bio, mais nous avons à cœur que le bio se démocratise encore plus afin que chacun ait accès à une alimentation propre.
En attendant, foncez sur les solutions alternatives près de chez vous !

index

to-do list

remerciements

Nous tenons à remercier fortement tous nos abonnés pour leur soutien. Depuis trois ans, six mois, ou même deux semaines. Peu importe le moment où vous avez découvert notre univers, nous sommes reconnaissantes de tout ce que vous nous apportez. Vous nous poussez sans cesse à nous dépasser et à donner le meilleur de nous-mêmes. Merci pour ces possibilités que vous nous offrez car ce livre n'aurait pas de raison d'être si nous n'avions pas fait votre rencontre. Nous l'avons écrit grâce à vous, pour vous.

Nous remercions également toutes les personnes citées dans ce livre ainsi que tout notre entourage pour nous avoir regardé évoluer, tomber, nous relever. Pour nous avoir encouragées à devenir les jeunes femmes que nous sommes et pour s'être réjouis autant (si ce n'est plus !) que nous de l'écriture de cet ouvrage.

Enfin, nous remercions notre éditrice Anne, pour la confiance qu'elle a su nous accorder. Sans oublier notre photographe Emanuela, pour avoir su capturer avec talent les émotions que nous souhaitions transmettre à travers ces pages.

crédits photographiques

Toutes les photos de Caroline et Safia ont été prises par Emanuela Cino.

Photos souvenir © Caroline et Safia

Autres photos © Fotolia
p. 26 : © bidaya ; p. 33 (haut) © by-studio, p. 33 (bas) © amawasri ; p. 132 : © luisapuccini ; p. 134 (haut) : © Mara Zemgaliete, p. 134 (bas) : © Picture Partners ; p. 136 (haut) : © kazmulka, p. 136 (bas) : © al62 ; p. 139 (haut) : © kwanchaichaiudom, p. 139 (bas) : © karuka ; p. 149 : © dream79 ; p. 169 (haut) : kerdkanno, p. 169 (milieu) : © Ildi, p. 169 (bas) : © Diana Taliun ; p. 170 (haut) : © spafra, p. 170 (milieu) : © sommai, p. 170 (bas) : © erikdegraaf ; p. 211 (gauche) : © chanelle, p. 211 (milieu) : joanna wnuk, p. 211 (droite) : © bigacis ; p. 215 (haut) : © Dmytro Sukharevskyy, p. 215 (milieu) : © RRF, p. 215 (bas) : © saschanti ; p. 216 (haut) : graja,; p. 216 (milieu) : © Narong Jongsirikul, p. 216 (bas) : © marilyn barbone.

Achevé d'imprimer par Cayfosa (Espagne) en mai 2016
Dépôt légal : mai 2016
66-5136-9/02
ISBN : 978-2-01-396487-6